ソシオテクニカル経営

人に優しいDXを目指して

SOCIOTECHNICAL MANAGEMENT

櫻井美穂子 Mihoko Sakurai ＋ 國領二郎 Jiro Kokuryo

日本経済新聞出版

はじめに

ソシオテクニカル経営とは、ＩＴシステムを単なる効率化の道具としてではなく、人々の幸せや多様なニーズをサポートするものとして捉える考え方だ。ソシオテクニカル経営が目指すのは、クオリティ・オブ・ライフという言葉に代表されるような生活全般の〝質〟の向上である。ソシオテクニカル経営の実践に必要なのは、社会システムと技術システムの統合設計だ。

不確実性の高い現代社会において、私たちは時代の変化に柔軟に、そしてレジリエント（いかなる社会的変化にも適応する）である必要がある。デジタル技術を使って、一人ひとりの多様なニーズにきめ細かに、そして優しく対応することが求められている。そのような社会を実現するためにソシオテクニカル経営の考え方がある。

社会システムと技術システムの統合設計によって、デジタルトランスフォーメーション（ＤＸ）の果実が社会全体に還元されることをお伝えしていきたい。

デジタルトランスフォーメーションの本質は多様性を活かすこと

私たちが暮らす現代社会は、ネット化による複雑系化を深めている。複雑系化について詳しくは本編をご覧いただきたいが、想定外の出来事や不確実性の高さによって結果の見通しが難しい現象を指す。事前の計画を重視する人にとっては、先が見通しにくいことで計画を立てるのが困難になるとネガティブに捉えることもできるし、予期せぬ創発によってこれまでより多くの人にチャンスが舞い込み、価値創造が進む世界だとポジティブに捉えることもできる。

複雑系の世界は、構造の複雑さゆえに多様性を内包する。インターネットの登場によって複雑系化を深めているのは技術システムであって、社会システム側は複雑系であり続けてきた。社会システムには昔から多様なニーズが存在していたのだが、技術システム側の制約があってその多様性に応えることが難しかった。事前に定めた計画通り、あるいはできるだけ効率的に社会システムの目的を達成することに合理性があった。

情報革命やインターネットの登場によって、技術システムが進化した。結果として社会システム側の多様なニーズにきめ細かに応えるための、社会システムと技術システムの統合設計が可能となった。社会や産業全体のトレンドを踏まえながら、人々のニーズや多様な文脈に合わせて自らの組織やビジネスモデルを機動的に変革していくことが、デジタルパラダイムにおける価値の源泉となる。

デジタルトランスフォーメーションという言葉が登場した背景にはこのような時代の特徴があり、人々の多様なニーズへの対応やウェルビーイングの実現を、社会システムと技術システムの統合設計によってどのようにサポートしていくのかが重要な〝問い〟となっている。

複雑系化する世界を生き抜くことができるのは、共通性と多様性を持ったレジリエントなシステム

人々のニーズや多様な文脈に合わせて自らを変革していくことは、その場その場で表面化するニーズに場当たり的に対応するということではない。多様性を活かすためには、全体システムがレジリエントである必要がある。不確実性の高い外部環境への適応能力をレジリエント（名詞はレジリエンスが正確だが、本書ではレジリエントで統一する）と言う。システムがレジリエントになるためには、守るべきルールがある。ソシオテクニカル経営においては、このルールを社会システムと技術システムの統合設計のためのデザインプリンシプルと位置づける。

デザインプリンシプルは、複雑系の世界における秩序を守る役割を果たす。社会システムと技術システムが持つべき共通ルールと言い換えることもできる。共通する考え方について関係者間でしっかり共有したうえで、人々の多様なニーズにきめ細かに対応するためのアーキテクチャを構築したい。システムをレジリエントにして、複雑系の世界における多様性を活かすことにつながる。

アーキテクチャとは、独立性の高い全体システムにおけるサブシステム（社会システムと技術システムを構成する様々なシステム）間の役割分担の構造と連携方式の設計思想である。モジュールやインターフェースといったアーキテクチャの記述言語は、社会制度や企業組織の設計にも適用できる。社会システムと技術システムに共通するデザイン言語を開発して共有することが、ソシオテクニカル経営にとって重要になる。

良いデザインプリンシプルの下では、社会システムと技術システムを構成する個々の要素が高い自律性を持ちながら創造性を発揮しつつ、全体システムが機動的に働いて人々の多様なニーズに応えていくことができる。共通性を持ちながら、多様性を活かして外部環境に適応していく能力が、複雑系化する世界を生き抜く武器となるのである。

〝デジタル〟という流行り言葉に踊らされていないか

「日常生活でスマホは使っているけれど、自社のデジタルトランスフォーメーションで何をしたらいいのかを考えると具体的なイメージが湧いてこない」「コンサルティング会社にデータサイエンティストを雇うようにアドバイスされたが、実際に雇って何をしていいのか分からない」「ITに関係する言葉は横文字が多くて難しく、何から始めたらいいのか分からない」。筆者が企業や自治体のいわゆるデジタル活用の担当者と日ごろ話をするなかで聞くことの多いお悩みである。

デジタルトランスフォーメーション、デジタル化、デジタル庁、デジタル敗戦――。新型コロナウイルスをきっかけとして、〝デジタル〟という言葉をよく耳にするようになった。新型コロナ禍で爆発的に増えたウェビナーやオンラインラーニングのプラットフォームでも、デジタルトランスフォーメーションにまつわる内容が乱立している。

〝デジタル〟という言葉がまるで魔法のようにすべてを良い方向に変えてくれる、と誰もが信じているかのように、あるいはデジタル技術を使って何かしなければいけないというプレッシャーに近い焦りを感じざるを得ないくらい、日本中がデジタルという言葉に踊り踊らされているようである。

新型コロナウイルスはあまりに突然に私たちの社会生活に影響を与え、人々の認識に変化をもたらした。世の中がこれほど〝デジタル〟に着目し、業種を問わずＩＴ活用に前向きになっている現象を嬉しく眺める一方で、流行り言葉に踊らされ、情報技術が社会や組織にもたらしている本質的な変化を見失っているのではないかと感じることも多くなった。

デジタル化の果実を社会全体に還元するためのソシオテクニカル経営

ネットワーク革命以前の経済は、情報を活用して工業や農業製品をより効率的に生産・販売する仕組みとして発展してきた。そこでの中心はハードウェアでありソフトウェアだった。それに対してデジタルトランスフォーメーションが目指すのは、人々の多様なニーズにきめ細かに応えることで、情報やサービスそのものが生み出す価値を最大化することだ。

製品をより効率的に生産・販売する仕組みづくりを志向する考え方は、工業的発想である。ＩＴシステムを効率化の手段として捉えて組織のトランスフォーメーションを目指す考え方は、工業的発想を踏襲したＩＴトランスフォーメーションと呼ばれている。

一方でデジタルトランスフォーメーションは、デジタルパラダイムにおける新しい価値の創出を目指す。「効率化」という均一的なゴールを追い求めてきたところから、多様な価値観やニーズに柔軟に対応する。デジタル化の果実を、テクノロジーを使う一人ひとりに還元する。そのために必要なのが社会システムと技術システムの統合設計であり、ソシオテクニカル経営である。

本書で提示するソシオテクニカル経営のデザインプリンシプルは、エコシステム（協働）による価値創造、消費者とのエンゲージメントの向上による新しい関係性の創出、人々の文脈に合わせた情報やサービスの個別最適化（パーソナライズ）、モジュール構造によるサービスの弾力提供、そしてデータセントリックによるデータの資源化だ。

共通するルール（デザインプリンシプル）を最低限守りながら、複雑系の時代の特徴をデジタルトランスフォーメーションの推進力として、一人ひとりの多様な幸せをサポートするデジタル活用を目指したい。

本書の構成

第1章では、ソシオテクニカル経営の本丸となる社会システムと技術システムの統合設計について論じる。統合設計を考えるうえで欠かせないキーワードであるレジリエントとアジャイルの考え方、統合設計のためのコミュニケーションの方法、統合設計のデザインプリンシプルについて紹介する。

第2章では、なぜ現代においてソシオテクニカル経営の考え方が重要なのか、社会システムと技術システムを取り巻く環境がどのように変わってきたのかを説明する。デジタルトランスフォーメーションの本当の意味と、デジタルトランスフォーメーションの価値の源泉について整理する。

第3章では社会システム側の3つのデザインプリンシプルを、第4章では技術システム側の2つのデザインプリンシプルについて、企業の事例を交えながら解説する。

第5章はソシオテクニカル経営の実践ガイドである。社会システムと技術システムの統合設計のため明日からどのようなアクションをすればいいのかを、8つの提言にまとめた。

企業事例の執筆にあたり、取材にご協力いただいたサイバーエージェントとセールスフォース・ジャパンの皆様に深く感謝したい。また、これまでソシオテクニカル概念について様々な場面で議論を深めてきた、経営情報システムを研究する同僚たちにも感謝の意を表したい。

本書が、現代において社会全体として持つべきデジタル活用の共通的なルールと、守るべき、あるいは活かすべき多様性についての議論を深める一助となれば幸いである。

2022年8月

櫻井美穂子
國領　二郎

『ソシオテクニカル経営』目次

第2章

人に優しいシステムを作るソシオテクニカル経営

第3章

ソシオテクニカル経営の社会的要件

第4章 ソシオテクニカルシステムのアーキテクチャ

第5章

How to do ソシオテクニカル経営?

あとがきに代えて　多様性を活かすためのソシオテクニカル経営

第1章

社会システムと技術システムの統合設計

1　DX時代のソシオテクニカル経営

生活の豊かさや幸せを実現するためのソシオテクニカル経営

本書で提示するデジタルトランスフォーメーション（DX）の方法論としてのソシオテクニカル経営は、ITシステムを単なる効率化の道具としてではなく、人々の幸せや多様なニーズをサポートするものとして捉える。ソシオテクニカル経営が目指すのは、クオリティ・オブ・ライフという言葉に代表されるような生活全般の〝質〟の向上である。

デジタルトランスフォーメーションの実践にあたっては、社会システムだけの議論、あるいは技術システムだけの議論では不十分である。社会システムと技術システムが統合することで、初めてデジタルトランスフォーメーションの果実が社会全体に還元される。

世の中の議論は往々にして技術システム先行型が多い。デジタルトランスフォーメーション、デジタル化と経営、デジタルサービスなど、デジタルに関するどのようなテーマであっても、「何の技術を導入するか?」「どの技術を活用するか?」から始まる議論をよく耳にする。このようなアジェンダ設定は100％間違いではないが、社会システムの設計について一緒に考えないと空回りしてしまう。

ソシオテクニカルについては、社会（ソシオ）システムと技術（テクニカル）システムを統合的に設計することによって、デジタルトランスフォーメーションを実践する考え方と捉えていただきたい。

図1-1　ソシオテクニカル経営の概要

- デジタルトランスフォーメーションの方法論
- 時代の変化や人々のニーズに合わせて自らを柔軟に変革する機動力を身に付けるための考え方
- 社会システムと技術システムの統合設計が鍵
- 統合設計のためのデザインプリンシプル（方向性の指針）が存在

ここでいうシステムとは様々な要素が集まってできた構成物のことである。例えば皆さんがお勤めの組織も、働く人や机やパソコンなどのＯＡ機器、オフィス空間など様々なリソースを抱えた一つのシステムとして捉えることができるし、私たちが住んでいる街も、交通や医療、行政など複数のシステムが集まってできた大きなシステムである。日常生活に欠かせない存在となったスマートフォンも、コンピュータシステムを基礎とした一つのシステムと言える。

このようなシステムの考え方を、社会的側面が強いものと技術的側面が強いものとに整理して、両者の統合を考えて共通のゴールを目指すのが、ソシオテクニカルの基本的な考え方となる。統合の際に全体的なゴールを見失わないようにするために、社会システムと技術システム双方の橋渡し役となるデザインプリンシプルが存在する（図１－１）。

ソシオテクニカル経営では、テクノロジーの活用が人々のどのようなニーズを叶えていくのかという視点が重要だ。テクノロジーがなぜ社会の一員として存在するべきなのかを見つめ直し、社会全体が進むべき方向性を再認識することにもつながる。

社会システムと技術システム

社会システムが持っている根源的なニーズは、個人もしくは組織などの集団が自分（または集団）の抱える課題を解決する、あるいは自分（または集団）の目的や目標を達成するというものだ。同じ目的を持った人間が2人以上集まれば集団となる。

集団や組織には規範やルールがあり、構造、文化、経済システム、ベストプラクティスなど様々な活動によってその特徴が形作られる。このような規範やルールなどは、社会システムにおける課題や目標を理解するうえで押えておくべき重要な項目となる。デジタル技術を使うユーザーの「文脈」の理解につながる。

社会システムが掲げる課題や目標は、いつの時代も人間の〝生存〟という本能的な欲求を満たすことに加えて、時代の流れとともに人々の豊かさ、幸せの実現、地球環境の持続性などにまで及ぶようになってきた。

技術システムは、人間が何らかの目的を達成するために作り出した道具を指す。人間が道具を作る目的は、その時代時代における社会課題や経営課題により異なる。コンピュータシステムが社会活動に深く根差すようになった1970年代以降は、ハードウェアやソフトウェア、データ、それらを運用するための関連技術が、技術システムの主な構成要素として認識されるようになった。

そして今日の技術システムは、単なる生産性や効率性向上のツールであることを超えて、人間の身近なところで生活や心の中にまでも直接的に影響するようになってきていることを認識しておきたい。

そのようななかで、単に経済性（生産性）を物差しにシステムを設計すると、人間の心を蝕むものになりかねない。テクノロジーの社会的、倫理的なインパクトを考えながら技術システムを開発する必要性が高まっているのである。

社会システムと技術システムは設計可能な人工物

現代的には、社会システムと技術システムは私たち人間が〝設計可能な〟対象として捉えられている。ノーベル経済学賞を受賞したハーバート・A・サイモンが説いた人工物の科学[1]の概念に影響を受けた考えだ。

人工物の科学は、私たちの生きる世界の摂理を科学する自然科学（自然界の法則、因果関係を発見する）ではなく、人間が何らかの目的を達成するために作る人工（物）の設計のための科学として提唱された。人工物には人間側の求める目的が存在することを忘れずにいたい。

社会システムと技術システムの違いについてもう少し解説すると、社会システムは社会を構成する人間（個人あるいは社会的集団）同士の関係性（社会関係資本）や組織・構造・文化・制度・ルールなどを、技術システムは問題解決と目標達成のために人間が創り出した道具を指している（図1－2）。

1 Simon, H. A.(1996) *The Sciences of the Artificial* (third ed.). MA: MIT Press. 日本語訳は『システムの科学』パーソナルメディア。

図1-2　社会システムと技術システムの要素

社会システム

- 社会関係資本・組織構造・組織活動・組織文化・社会制度・ルール
  →生活の質、労働の質など、社会生活の"質(Quality)"を決定づける

技術システム

- 問題解決と目標達成のために人間が創り出した道具(DXの文脈では情報通信インフラ・ハード／ソフトウェア・データなど)
  →目的達成のための道具やテクノロジー活用に焦点が当たる

社会システムを構成する主な主体とは、具体的には社会で経済活動を行う企業や各種団体（組織）、日常生活を支える行政（組織）、サービスを享受する人や組織とのつながりである。企業の生産活動に欠かせない戦略やビジネスモデル、国や地域の社会規範を形作る政策や法制度、特定の地域における考え方や組織行動に特色を与える文化も、社会システムの重要な構成要素だ。これらの要素は、私たちの社会生活の〝質〟を決定づける。

技術システムは、人間が創り出したあらゆる道具やツールとなるわけだが、古くは言葉や文字、数字なども技術システムとして捉えることができる。デジタルトランスフォーメーションの文脈においては主に情報通信インフラ（通信回線など）、ハードウェア、ソフトウェア、データが技術システムに該当する。社会システムの目的を達成するためのタスクを定義して、そのタスクの遂行に必要な道具やツール、テクノロジーの活用に焦点が当たる。

ソシオテクニカル経営では、社会システムと技術システムを

同等の存在として捉え、相互の関係を正しく理解することが求められる。社会システムと技術システムを一つの大きなシステムとして統合設計したときに、より良いアウトプットが生まれる。社会システムあるいは技術システムの目的や課題を個別にどれだけ議論したとしても、そこに統合設計の観点がなければ全体としての質の向上にはつながらない。

レジリエントな社会・技術システム

社会システム側のニーズに応えて機動的に技術システムを設計・開発するためのソシオテクニカル経営を実践するにあたり、理解しておきたい2つのキーワードがある。レジリエントとアジャイルだ。

私たちが暮らす現代社会は、ネット化によって複雑さを増している。そんななかで社会や人々のニーズは多様化し、変化のスピードも速くなっている。変動の大きな社会システムをきめ細かにサポートし、個人個人が持つ生活の理想やウェルビーイングの形をサポートするためには、社会システムと技術システムがレジリエントである必要がある。

レジリエントは、変化する外部環境への適応能力を指す。[2] もともとは跳ね返る、跳ね上がって戻るという意味のラテン語 resilire が語源となっている言葉ではあるが、その後様々な学問領域で解釈が

2　レジリエントについて、工学観点による体系的な定義については、櫻井美穂子『世界のＳＤＧｓ都市戦略』学芸出版社、２０２１年を参照。

加えられている。共通する思想は、想定可能な世界の維持に努めようとするスタビリティという言葉の反義語として、変化し続ける世界への適応能力、あるいは変動との共存能力をレジリエントと捉えるというものだ。

私たちの日常生活に置き換えると、組織やコミュニティなど、ある一定の境界線の外で起きた事象に柔軟に対応しながら、その場にいる人たちの創意工夫によって社会や組織の機能を回復させたり、開発する能力を問うものだ。新型コロナ禍で、医療サービスや食料サプライチェーンが優先度の高い社会機能として継続されたことは、社会におけるレジリエントな能力の高さを示していると言える。

本書においては、社会システムと技術システムを取り巻く不確実性の高い環境に対応するシステムの適応能力をレジリエントと呼ぶ。適応するだけでなく、その過程を自身の糧として、ソシオテクニカル経営の目的である生活全般の質の向上を目指す。

レジリエントなシステムのためには、開発がアジャイルである必要がある。アジャイルな開発を可能とするためには、モジュラーなアーキテクチャにしなければならない。図1－3は、本書が提示するDX時代のソシオテクニカル経営の全体像を示している。

システムをレジリエントにするためのアジャイル開発

日本人は事前に決められた物事、決められたプロセスや規則に沿って物事を進めることは得意な一方で、その場の状況に合わせて臨機応変に柔軟にビジネスプロセスを設計し実践することが苦手のよ

図1-3　DX時代に求められるソシオテクニカル経営の全体像

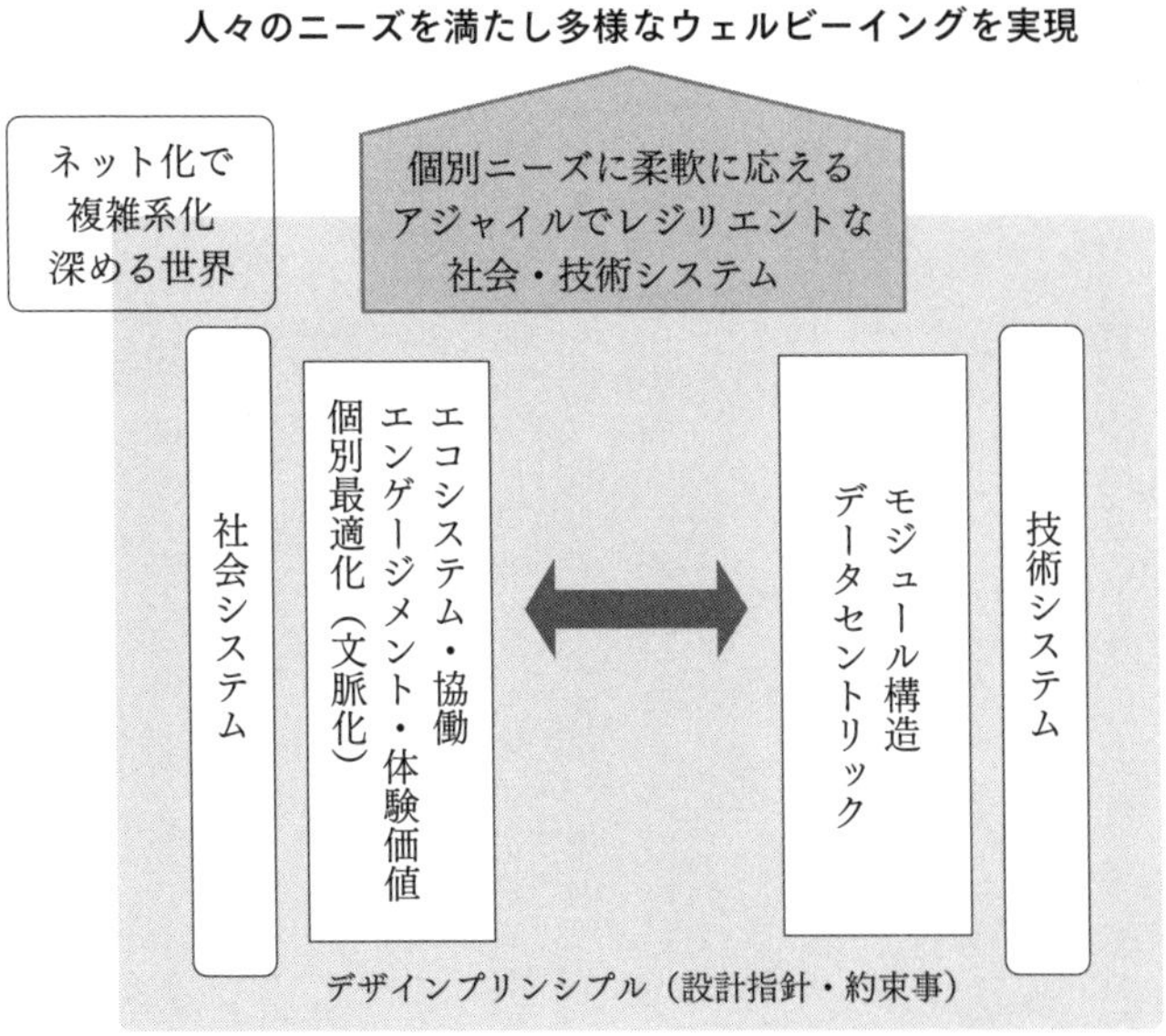

うだ。

アジャイルという言葉は、世の中でデジタルトランスフォーメーションが流行り言葉になるにつれて耳にする機会が増えたかもしれない。『オックスフォード辞典』によると、アジャイルとは身軽に素早く動く、あるいは考えることを指す。

ビジネスの現場では、プロジェクトの管理手法としてアジャイルという言葉が用いられている。作業を一連の短いタスクに分割して定期的に作業を見直し、計画を修正する手法である。あるいは、仕事の時間や場所、役割を必要に応じて変更し、方法よりも達成すべき目標に重点を置いた働き方とも説明されている。[3]

本書では、ソシオテクニカル経営の社

会システム側のニーズに迅速に機動的に反応する全体の能力をアジャイルとしている。アジャイルの能力は、社会システムと技術システム双方が持つべきものだ。社会システムでは時代の変化に合わせた制度やルール設計が、技術システムではテクノロジーを介したサービスや情報の提供が迅速に行われることをアジャイルであると捉える。

ソシオテクニカル経営の全体像には、アジャイルでレジリエントな社会システムと技術システムを統合設計するためのデザインプリンシプル（設計指針・約束事）が存在する。デザインプリンシプルについては、本章の後半で説明する。

ここからは、社会システムと技術システムの統合設計の観点から見たレジリエントとアジャイルの考え方についてもう少し深掘りしてみたい。事例として、新型コロナウイルスへの対応の一環として2020年に実施された特別定額給付金や持続化給付金の給付業務を取り上げる。

日本のシステムはレジリエント？

2020年の春、新型コロナに対する経済支援として、一人一律10万円の特別定額給付金が支給されることになった。マイナンバーカードを使ったオンライン申請も可能であったため、多くの人がマイナンバーカードを取得するきっかけにもなった。個人を対象とした経済支援であったが申請できるのは世帯主と定められ、給付金の支給は申請主の住民登録がある自治体が行うという建て付けであった。

筆者が2021年2月に実施したデジタルガバメントに関する住民ニーズ調査（オンライン調査）[4]では、特別定額給付金の申請にオンラインを選択したのは回答者全体（4129人）の30％弱で、50〜70代男性の割合が高かった。一方、郵送で申請したと答えたのは全体の65％で、40〜70代女性の割合が高くなった。申請していないと答えたのは5％弱だった。[5]

オンラインと郵送のいずれの方法であっても、申請方法やプロセスに対する評価は高かった。特別定額給付金を申請したと答えた3930人を対象に「申請方法は分かりやすかったか」「思ったよりも時間がかからなかったか」という質問をしたところ、7割以上の人が「分かりやすかった」「そう思う」という好意的な回答を寄せた（図1−4）。

新型コロナウイルスは突然私たちの日常生活にやってきて、社会生活に大きな影響をもたらした。特別定額給付金は状況が日々変化するなかで決まった経済支援であり、申請処理に必要な仕組みなど

3　https://www.oxfordlearnersdictionaries.com/definition/english/agile

4　（株）サイバーエージェント、国際大学グローバル・コミュニケーション・センターの共同研究「デジタルガバメントに関する住民ニーズ調査」。全国4129人を対象としたオンラインアンケート調査（2021年2月実施）。

5　質問では回答者が世帯主であるかどうかは前提としていないので、世帯主でない場合にも申請者が家族間で代理申請したケースが当てはまると考えられる。

図1-4　特別定額給付金の申請方法についての分かりやすさなど

Q：特別定額給付金10万円を申請した方法の感想について教えてください。（n=3,930）

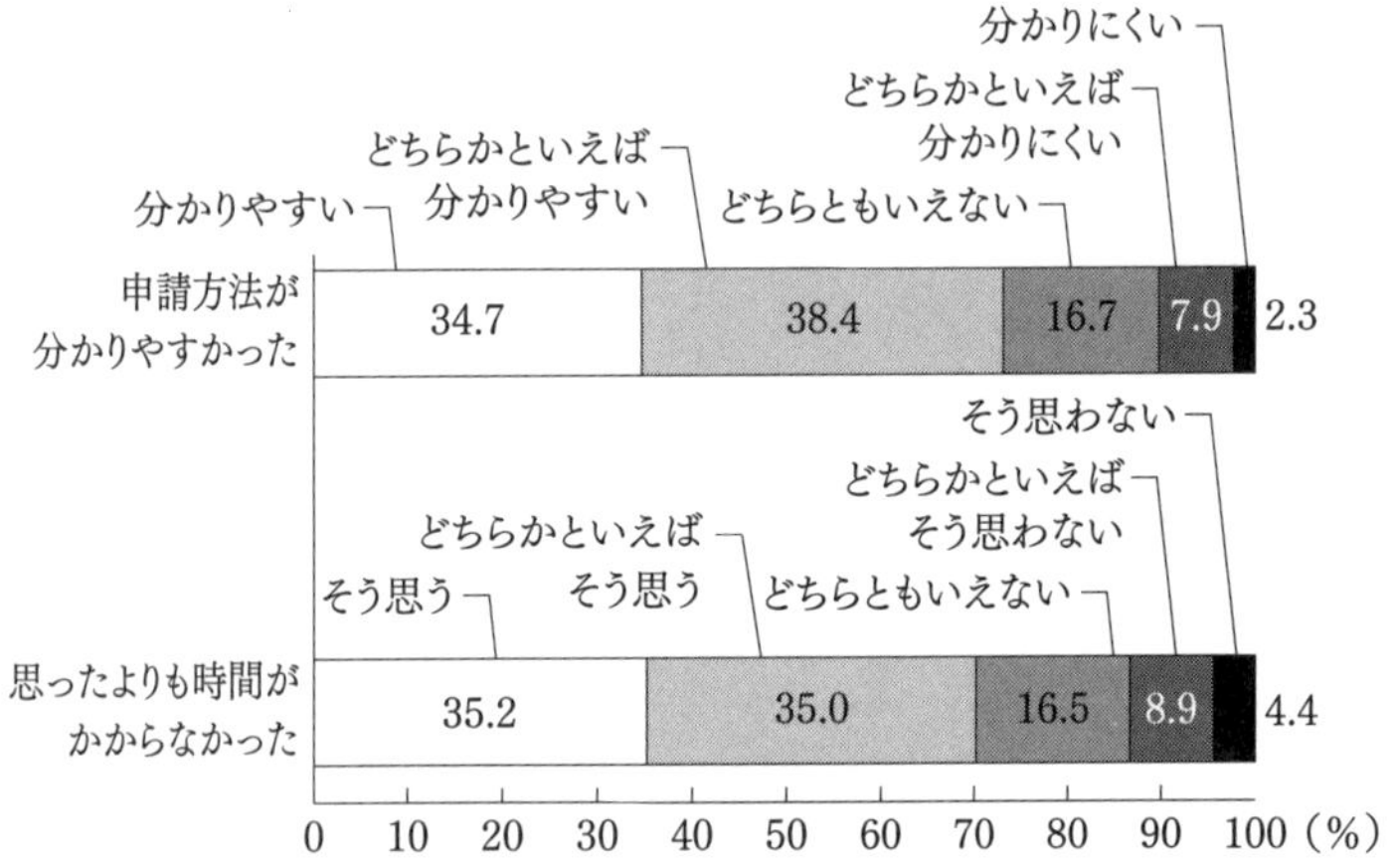

出所：「デジタルガバメントに関する住民ニーズ調査」

は急ごしらえするほかなかった。にもかかわらず、申請手続きの分かりやすさに一定の評価を得たことは、日本社会のアジリティやレジリエント能力の高さを裏付けているように見える。しかしながら、私たちが申請手続きを終えた背後で、特にオンライン申請の処理について、給付業務を行う自治体の現場では混乱が広がっていた。

社会システムと技術システムの橋渡しをする現場にストレスがかかっている

オンライン申請では、マイナポータルという国が用意したウェブサイトを申請窓口として、申請者が自分の個人情報や銀行口座などを入力するプロセスとなった。マイナポータルに入力された申請者の情報は、申請者が選択した自治体に別途提供されて、その情報が正しいかどうかを当該自治体の職員が目視により確認する作業が待っていた。

何を確認していたのかというと、自治体が管理する住民基本台帳の登録情報との整合性であった。住民基本台帳には私たち一人ひとりの住所・氏名・生年月日などの基礎情報が登録されている。申請情報が本当に登録情報と合致しているのかどうかを確認しなければ、給付業務に進むことができなかった。スムーズで分かりやすいオンライン申請を陰ながら支えていたのは、結局現場の〝人〟となってしまった。

本来、技術システム側で用意していたマイナンバーを、給付業務を行う自治体システムとの共通鍵として使って住所情報等の入力を省略できたはずだった。しかしながら、制度的な制約（社会システム）により、国が用意した受付システム（マイナポータル）ではマイナンバーカードが本人確認のためにだけ使われた。自治体側で本人確認のために必要な住所情報等は申請者が別途入力することになり、入力情報を再度自治体データベースと突き合わせる膨大な業務が発生した。

自治体の現場では休日返上で社会システムと技術システム間の埋め合わせをすることになった。この例では、レジリエントが意味する変化する外部環境への適応能力は、現場の人々の使命感によって成り立っていたことが分かる。社会システムと技術システムのどこか一点に過度なストレスがかかる状態は、DX時代のソシオテクニカル経営におけるレジリエントとしては評価できない。

社会システムと技術システムの統合設計によるレジリエントの獲得

新型コロナの影響は世界中に広がっており、日本以外の国でも個人や事業者に対する給付金支給が行われた。世界の国々では、より迅速な対応がなされていた。

例えば北欧のデンマークでは、中小企業に対する給付金（1カ月分の給付金上限額）は事業主が申請した翌日に振り込まれた。雇用者を持たない個人事業主に対しては、申請の1カ月後に給付金（収入3カ月分）が振り込まれている。

このような迅速な対応が可能となった背景には、住民や企業に関する基礎的なデータの標準化と、必要な情報の照会の仕組みが統一されていたことがある。基礎的なデータはベーシックデータと呼ばれており、（第4章で改めて紹介するが）個人であれば氏名や住所、法人であれば所在地や事業所などの情報が当てはまる。

申請者は、日本のマイナンバーに当たるＩＤをオンラインで入力するだけで自分の基礎情報の提供は終了する。加えて、前年の収支報告書や新型コロナによって業務上の影響が起きたことを証明する何らかの書類（メールでも可）を付属資料として添付する。給付業務を行う役所側は、入力されたＩＤと添付資料にもとづいて給付業務を実施した。

日本でもベーシックデータに当たる部分の整備が始まっているが、２０２０年当時は給付金の支給業務に必要なデータの標準化や、異なる行政組織間での情報のやり取りのルールを事前に定めておらず、申請者が入力した情報と公的な登録内容を人の目で確認しなければ情報の正確性を担保できない事態となった。

一方郵送申請では、自治体側が登録情報を印字した状態で申請用紙を作成したため、このような確認作業は発生しなかった。確認作業にかかるコストを鑑みて、オンライン申請をやめて郵送申請だけに切り替えた自治体も多くあったことには納得する一方で、デジタルトランスフォーメーションの果実を社会全体に広げるという観点からは様々な教訓を残した事例となった。

急ごしらえで開発した申請画面や申請プロセスの最終的なつじつまを合わせたのが現場の人だったというところに、日本がデジタル活用で他国の後塵を拝している大きな理由があるのではないだろうか。技術システムを作るだけではなく、社会システム側の設計と全体マネジメントの観点が必要だ。

このような事例は定額給付金のみならず、コロナ禍での感染者数の集計でも課題となっていた。結果的に、現場で対応をする人の中に「デジタルを活用すると負担が増える」というネガティブなイメージが植えつけられ、従来の慣れ親しんだ紙での業務を好むようになる。結果的にデジタルトランスフォーメーションは進まない。このような負のスパイラルから脱却するためにも、社会システムと技術システムの統合設計をしっかり行いたい。

複雑性を増す現代においては、事前にあらゆるニーズやリスクを想定してシステムや仕組みを設計することは難しい。社会システムと技術システムを機動的に稼働させながら、現場の課題をその場その場で解決していくことがレジリエントにつながる。個別の仕組みやシステムの機能の回復だけでなく、パンデミックのような新たな問題が発生した時に、人々のニーズに合わせて社会システムと技術システムがアジャイルに働くことにも大きな威力を発揮する。

ウォーターフォールvsアジャイルの二項対立から脱却したい

どのような社会の変化にも完璧に対応しうる仕組みを事前に作り上げる、あるいは現場のその場その場の判断で機動的に仕組みを作っていくという考え方は、よくウォーターフォールとアジャイルの二項対立的に取り上げられることが多い。

ウォーターフォール型のシステム開発では、事前にシステムに求められる要件を定義して、要件定義が記載された仕様書に沿って設計と構築を進めていく。完成までの一つひとつのプロセス（要件定義、インターフェース設計、システム内部の動作設計、データ構築、コーディング、機能テスト、運用テストなど）が順番に展開される。プロセスの展開は極めて直線的で、一つ先の工程に移ると原則として前の工程には戻らない。

一方アジャイル型の開発工程では、機能や開発プロセスを最小の単位にモジュール（部品）化して、各工程を繰り返しながら（各工程にかける時間を数日から数週間に分割するスプリントと呼ばれる手順を繰り返す）システムの完成を目指す。プロセスが直線的なウォーターフォールに比べて、反復的な手法を用いることが特徴だ。

ここで重要なのは、ウォーターフォールかアジャイルなのかという二項対立ではなく、全体の構造（本書でいうアーキテクチャ）をしっかり構築することがフロントアプリの迅速な開発につながることを理解することだ。

フロントアプリとは、ユーザーが実際に使うアプリケーションのことで、日本の特別定額給付金の例では、マイナポータルの入力画面と、自治体が保有する登録情報との連結をつかさどるシステムを指す。変化するニーズに機動的に対応するためには、アジャイル型が採用するようなタスクの分解とプロセスの繰り返しが必要だ。

アーキテクチャは、建物や建築に関係の深い言葉である。建築物は様々な部品からできている。私たちが日々生活している家や働いている会社も、物理的には梁、柱や壁、ドア、床、それぞれをつなぐ接合物などが多様に組み合わさってできている。これらの部品をどのようにつないで全体を設計するのかを考えるのが、設計士＝アーキテクトの仕事となる。

ここで気をつけるべきは、工程を行ったり来たりできるからといって、追加の要求ばかりを繰り返し、本来の目的（システムやツールが何のために存在するべきなのか？）を見失ってしまうことである。全体の構造を関係者間で共有したうえでモジュール化したプロセスを反復したい。

このように文字で説明されると「自分たちは目的を見失うことはない」と思われるかもしれないが、アジャイル的なプロジェクト推進をするなかで目的のすり替わり、ゴールの見失いは、かなり多くの方が陥ってしまう傾向があるので、日ごろ意識したい。

全体アーキテクチャを構築したうえでプロセスをアジャイルに回していくとは具体的にどういうことなのか、社会システムと技術システムのコミュニケーションの観点から掘り下げていこう。

2　統合設計のためのコミュニケーション

よりコミュニケーションが求められる時代

ソシオテクニカル経営における社会システムと技術システムの統合設計、そのためのコミュニケーションを考えるにあたって、ＥＬＳＩ（エルシー）＝倫理的・法的・社会的課題について理解しておくことは有益だ。

ＥＬＳＩとは、科学技術が人間社会に与える倫理・法律・社会的課題を指す。Ethics（倫理）、Legal（法律）、Social（社会）、Issue（課題）の頭文字を取ってＥＬＳＩと呼ばれている。科学技術が私たちの倫理観や法律整備などの社会的な対応が追い付くよりも早く発展することに問題意識を持って生まれた研究領域で、人間の遺伝子情報を解析する研究分野で提唱された。２０１８年に中国で人の遺伝子情報を編集した世界初の双子の誕生が世界的なニュースとなったのは記憶に新しい。近年では遺伝子工学にとどまらず、ＡＩの開発と社会実装に伴う社会的な課題への対応が不可避となっている。

例えば、自動運転の社会実装が現実味を増すことで議論されるのがトロッコ問題である。トロッコ問題とは、トロッコ（路面電車）が暴走した場合の対処方法を問う倫理問題だ。「トロッコが暴走したその先の線路には5人の人間がいる。トロッコの進路を変えると、1人の人間がいる別の線路に進む。あなたがトロッコの運転手だったら、進路を変えるか変えないか？」という倫理問題で、これがトロッコではなく自動運転だったらどのようなアルゴリズムを書けばよいのかを考える問いにつながる。

正解のない問題として長く議論されており、派生した倫理問題も多く生まれている（例えば、三車線の高速道路の真ん中で前を走るトラックの荷台から荷物が落ちてきそうになり、それをよけるために右車線か左車線どちらに車線変更するのかという問題。右側にはヘルメットをかぶっている1人乗りの二輪車が、左側にはヘルメットをかぶっていない2人乗りの二輪車がいる。自分を犠牲にして車線変更をしないのか、ルールに違反してヘルメットをかぶっていない2人乗りの二輪車側に車線変更するのかなどを考える問題）。

正解のない問題に対して社会的合意を踏まえて方向性を定めながら全体のアーキテクチャを形作っていくことが、社会システムと技術システム間のコミュニケーションの役割となる。アーキテクトの役割もますます重要になってくる。

技術システムが社会に与える影響を踏まえた統合設計が必要

技術システムが社会に与える影響が大きくなるにつれて、懸念も大きくなっている。ところが、技術システムの構成も複雑化するなかで、技術開発が終わってから問題が判明するのでは、手戻りコストが大きくなりすぎて、アジャイルでレジリエントな社会システムと技術システムの実現が遠のいてしまう。社会システムと技術システム間のコミュニケーションには、技術開発の段階から、技術の持つ社会的なインパクトを予測しながら開発を舵取りすることが求められている（図1－5）。

図1-5　社会システムと技術システムの統合設計の
コミュニケーションイメージ

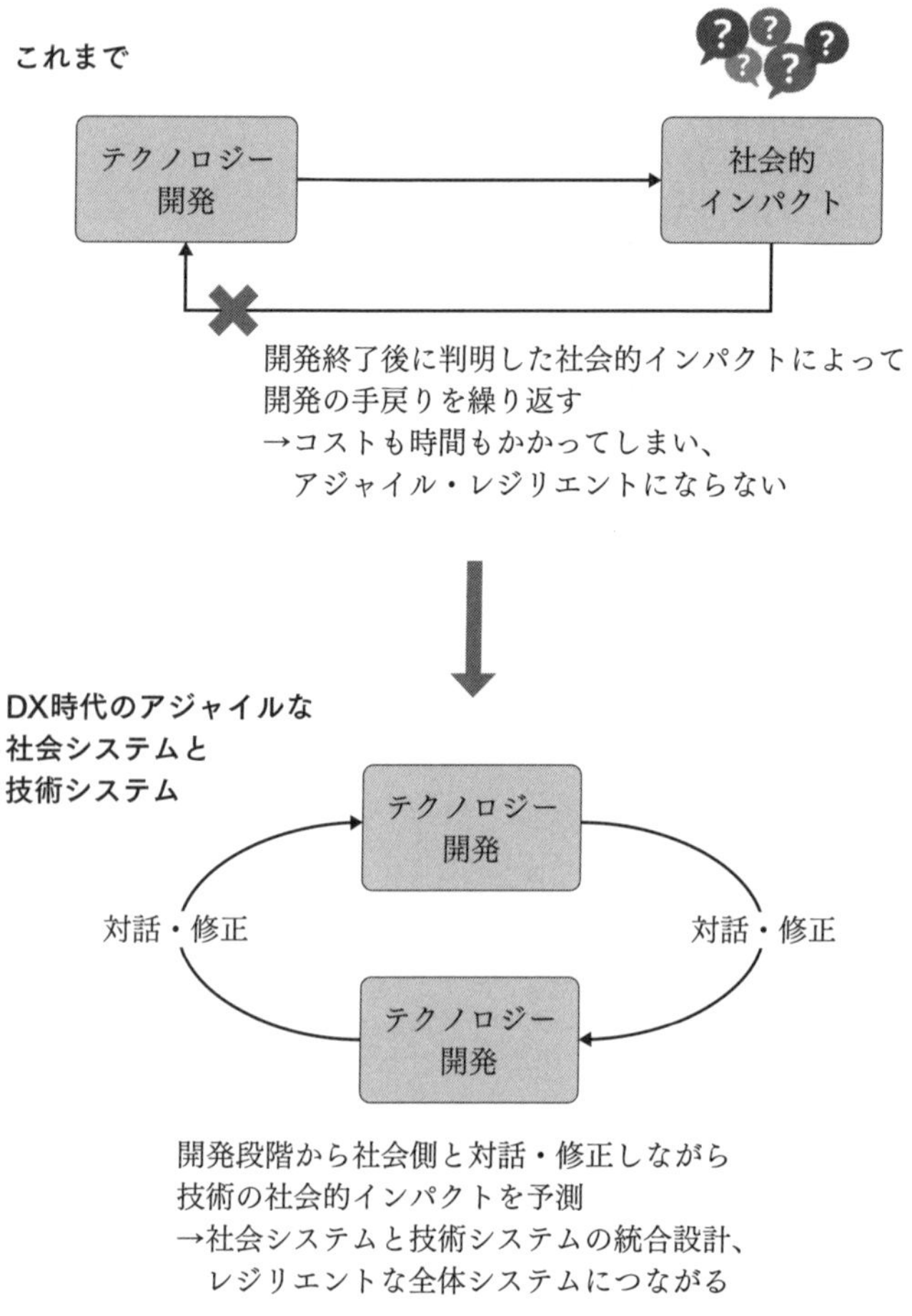

技術システムの社会的インパクトを考える際の最も分かりやすい例は、インターネットである。インターネットはもともと閉じたコミュニティ内での利用を想定していたため、機械側の認証は行っても人間側を管理する発想はなかった（信頼できる人同士のネットワークだった）。そのためIPアドレスの偽装も簡単で、現在プライバシーやサイバーセキュリティの観点から社会的な大問題になっている。

この問題は20年以上議論され続けていて、なかなか解決の兆しが見出せない。インターネットが社会インフラになりつつあった段階で対処していれば、今のような大問題にならなかったのかもしれない。

社会システムと技術システムの統合設計を行おうとすると、技術競争に焦るエンジニアサイドと、古い技術を前提とした社会規範にもとづく批判を繰り返す人文社会科学系の論者の間で対立関係が生まれてしまう。

技術サイドも、社会サイドが持つテクノロジーの（時に不合理なものでも）不安を直視しなければならないし、社会サイドも、教育啓蒙などによって、根拠のない偏見を取り除く作業をして人間側を新しい技術環境に適応させる作業を行う姿勢で臨みたいところではないだろうか。

ELSIが生まれるきっかけとなった遺伝子工学が応用されている食品分野においては、遺伝子操作という言葉が入ると自動的に拒絶反応が起こるような状況が生まれている。一方で遺伝子そのものではないとしても派生技術であるmRNAを活用した新型コロナウイルスのワクチンについては、丁寧な説明が繰り返し行われたために社会的な受容性が高まったと評価していいだろう。

表1-1　デジタルトランスフォーメーションにおけるITガバナンスの変化

	機能別ITガバナンス	プラットフォーム型ガバナンス
目的	組織内のITの管理	デジタルサービスの利用と組み合わせ・外部リソースとの連携による価値創造
対象	組織内のITの機能	組織内外の機能横断的なチーム
方法	特定の専門家や組織を介したコミュニケーション	デジタルプラットフォームを介した多様な連携
イノベーションの手法	効率化、コントロール	変革、組み合わせ
キーワード	統制	協働、エコシステム

出所：Gregory et al. (2018)[6]をもとに筆者作成

このようなコミュニケーションを行う際には、技術サイドも社会サイドも相手の言うことに耳を傾け修正をいとわない態度を示すことが大切だ。

統合設計のコミュニケーションはプラットフォーム型に

ＤＸ時代のソシオテクニカル経営における社会システムと技術システム間のコミュニケーションには、押さえておくべきいくつかの特徴がある。ＩＴに関する組織ガバナンスの変化からそのヒントを探ってみよう。デジタルトランスフォーメーションの進展に伴って、組織内部におけるＩＴガバナンスのあり方が変わる（表１－１）。

デジタルトランスフォーメーションよりも以前のＩＴ活用は、組織内のビジネスプロセスの効率化をゴールに据えていた。効率化の手法も、単一のＩＴシステムの活用によるものだ。

この場合、ガバナンスの主な対象となるのはＩＴシステムの機能となり、組織内外の変動をできるだけコントロールすることによって機能が最大限発揮されることを目指していた。表１－１の左側をご覧いただきたい。これを機能別ＩＴガバナンスという。

機能別ＩＴガバナンスでは、組織内外のコントロールのためのコミュニケーションを担うのは主に情報システムの専門家となる。一般的には、組織内におけるＩＴ部門や、ＩＴ部門から委託を受けたベンダーなどがその役割を担ってきた。何らかの組織を編成してコミュニケーションにあたるのが、機能別ＩＴガバナンスの特徴である。

一方でデジタルトランスフォーメーションでは、組織を変革して外部環境の変化に適応していく過程で、外部リソースを活用したり異なるデジタルサービスの組み合わせが模索される。変動をコントロールするためではなく、変化への適応に向けたリソースやサービスの組み合わせのためにコミュニケーションが行われる。表の右側をご覧いただきたい。

ここでのコミュニケーションの主体は、情報システムの専門部隊に限らず部門を超えて広がっていく。関係者間の調整のため組織を作るのではなく、デジタルプラットフォームを経由した連携を志向するようになる。このようなガバナンスのあり方をプラットフォーム型ガバナンスという。ガバナンスの照準が、組織内の情報システムの管理から、デジタルサービスの活用と組み合わせに変化する。

6 Gregory, R. W., Kaganer, E., Henfridsson, O., & Ruch, T. J. (2018) IT Consumerization and the Transformation of IT Governance. *MIS Quarterly*, 42 (4), 1225-1253.

プラットフォーム型ガバナンスでは、社会システムと技術システム間のコミュニケーションの目的が変わる。ITシステムを使って単に組織内の効率化とコントロールを目指すのではなく、社会システムと技術システムの統合設計によって生まれる価値の創造を目指すようになる。

プラットフォーム型ガバナンスの実践にあたっては、組織構成や人々の仕事のやり方、情報共有のパターンなど、社会システムと技術システムの各要素の構造やつながりを根本的に変化させる必要があることを認識しておきたい。

3 ソシオテクニカル経営のデザインプリンシプル

社会システムが内包する複雑系を活かす

プラットフォーム型のコミュニケーションのなかでアジャイルプロセスを実践する際に、目的のすり替わりとゴールの見失いを防いでくれるのが、〝デザインプリンシプル〟である。社会システムと技術システム間のコミュニケーションの約束事を示す指針となる。

アジャイルプロセスの繰り返しの過程で目指すべき方向性やルールが変わってしまうと、ソシオテクニカル経営がもともと目指していた目的からどんどん離れていってしまう。

例えば、筆者が以前住んでいたノルウェーでは、冬に森でクロスカントリースキーをする時、雪で埋もれたコースが分かるように、コース沿いの木に印が付いていた。雪が積もっていなければ道がは

図1-6　セミラティス構造（複雑系）とツリー構造[7]

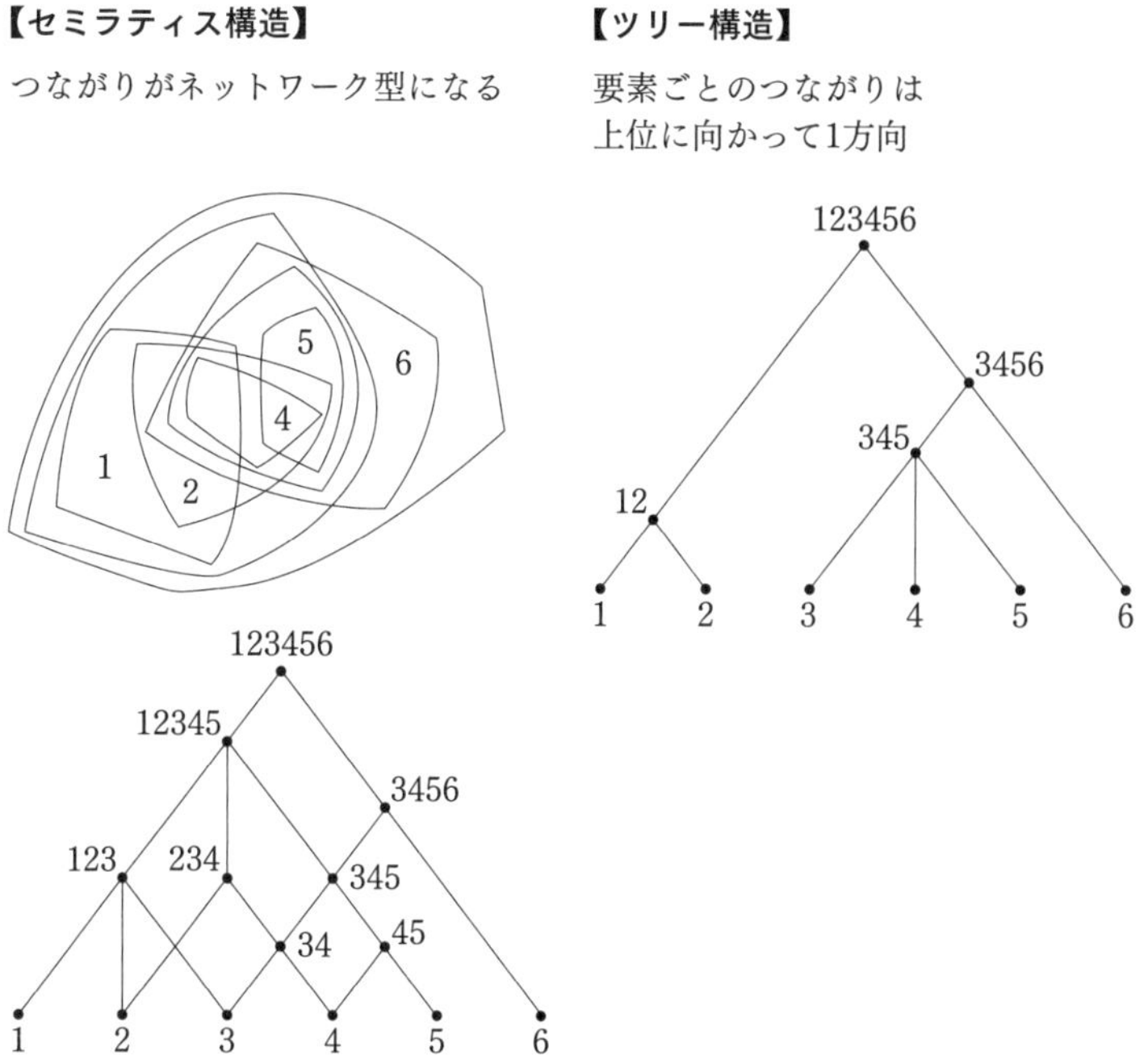

っきり分かるところも、積雪によってあたり一面が真っ白になり、道が分からず迷子になる可能性がある。木に付けられた旗のような目印は、「あなたが進むべき道はこっちだよ！」と教えてくれる。デザインプリンシプルは、この目印に似ている。ゴールに到達するための道しるべとなる。アジャイルとレジリエントを実現するための法則として捉えていただいていい。

　ゴールに向かうルールだけを決

7　Alexander, C. (1965) *A city is not a tree*. Architectural Forum 122, 1, 58-62.

めておいて、その他のことには特段制約をかけずに自然な発展に任せるという考え方は、クリストファー・アレグザンダーの都市論（A city is not a tree）に起因する。ロンドンや東京など、いくつかの都市の成り立ちや構造について研究していたアレグザンダーは、そこにセミラティス構造とツリー構造の2つのパターンを見出した（図1－6）。

図の左側に縦に2つ並んでいるのが、セミラティス構造になる。右側の図がツリー構造だ。似たようなツリー図が2つあるので、比較してご覧いただくと分かりやすいかもしれない。

ツリー構造のツリーがいわゆる従来型の階層構造を取っているのに対して、セミラティス構造ではツリーはネットワーク型となる。階層構造では各要素（ノードという）が上位1方向にしかつながらないのに対して、ネットワーク型では（すべてのノードがつながると想定すると）つながりがノードの数の二乗にほぼ比例する。

アレグザンダーによれば、人工的な都市のほとんどはツリー構造（例えば街を碁盤の目のようにブロック分けをして、公園や学校施設などを配置する）を採用している。一方で自然な都市はセミラティス構造を持っており、ツリー構造よりも複雑性や多様性を内包する。複雑であるからといってカオスなわけではなく、そこには秩序が存在する。本来の都市はセミラティス構造を持っているので、そのような都市デザインをしなければならない、というのがアレグザンダーの主張であった。

複雑系の構造の秩序（アーキテクチャ）を守るデザインプリンシプル

ツリー構造では、ツリーを構成する要素の組み合わせのパターンが限定的になるのに対して、セミラティス構造では多様な組み合わせが可能となる。結果的に、複雑性を内包し、構造の中により多くの要素や部品を抱えることができる。アレグザンダーの主張は都市の成り立ちや都市計画を対象としたものであるが、ソシオテクニカル経営の考え方にも重要な示唆がある。ソシオテクニカル経営におけるデザインプリンシプルは、セミラティス構造で秩序を守るためのルールということになる。

現代におけるソシオテクニカル経営は、複雑系化という時代の影響を受けている。ここで複雑系とは、社会システムや技術システムを構成する多様な要素が相互に影響を与えながら、時に予期しなかった帰結（アウトカム）をもたらす現象を指す。不確実性の高い世界における社会システムと技術システムの統合設計に秩序をもたらすデザインプリンシプルの役割は大きい。ソシオテクニカル経営におけるデザインプリンシプルの役割は、次のようになる。

- デザインプリンシプルは、企業がデジタルトランスフォーメーションを実践するうえで目指すべき方向を指し示してくれる指針
- デザインプリンシプルは、社会システムと技術システムの統合設計の鍵となる
- デザインプリンシプルは、複雑系の様相を深める社会システムと技術システム間の秩序を守る

図1-7　デザイン思考の実践

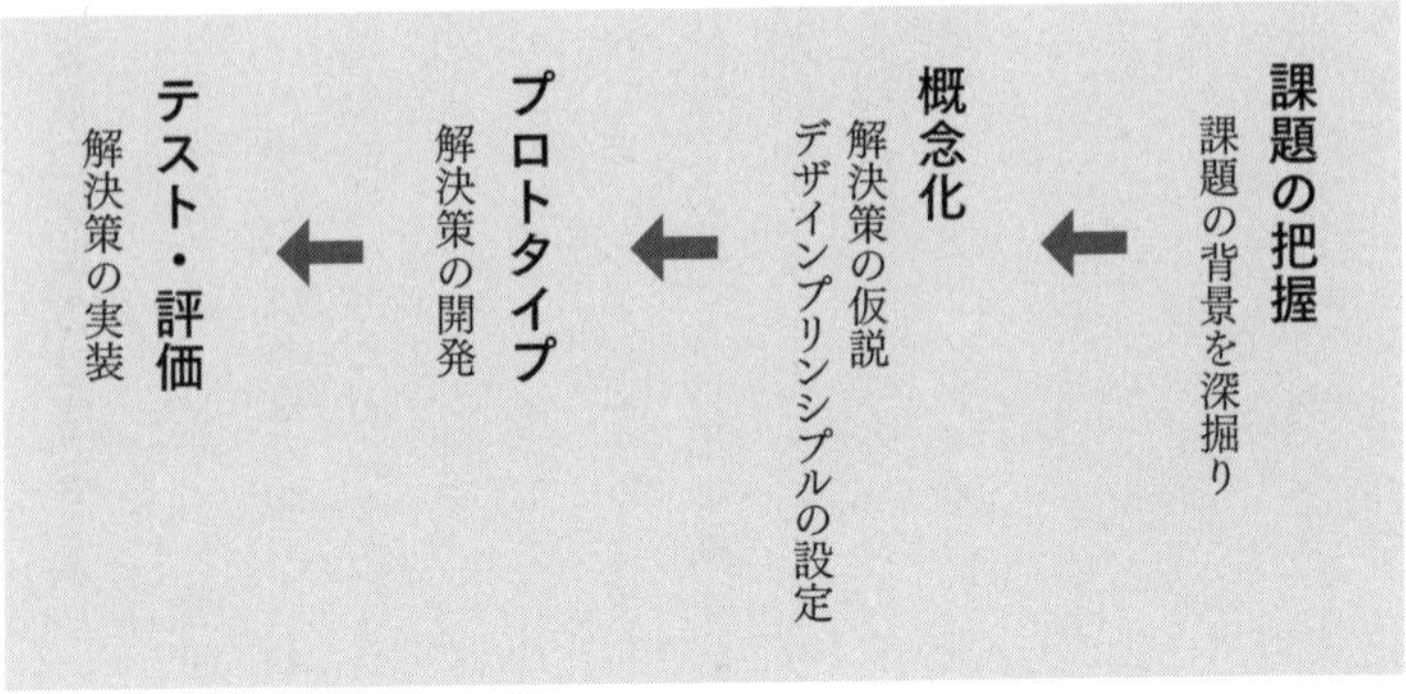

出所：Baskerville et al. (2009)[9]をもとに筆者作成

●デザインプリンシプルがないとアジャイル開発がうまくいかず、結果としてレジリエントにならない

デザイン思考

デザインという言葉が登場したので、ここでデザイン思考についても少し触れておく。経営情報分野におけるデザインとは、「あらかじめ指定された機能の効果の最大化のための構造、機械、システムを定義する際の科学的な原則や技術的情報、そして想像力の使用」と定義されている。[8]

ここに想像力の使用とあるように、新製品を開発する現場では、何かをデザイン（設計）する際に人々のニーズや欲求を注意深く観察することが大切だとされている。デザインの方向性の深い洞察に加えて適切なデザインプリンシプルを持つことで、デザインによるイノベーションが実現できる。

デザイン思考を理解するうえで最も重要なのは、この方法論が、人々が抱える課題や背景にある欲求（アスピレーションともいう）を出発点にしていることだ。課題や欲求を概念化して、課題解決のための人工物（プロトタイプ）を作って試作とテストを繰り返すのが一般的な手法だ（図1－7）。

概念化からプロトタイプ、テスト・評価までのプロセスは、リニア（直線）ではなく反復するものだと思っていただきたい。デザイン思考では、人工物を使うユーザーが生活のなかで何を求め、何を必要とし、どのようなサービスや情報の提供方法が好きなのか（または嫌いなのか）についての深い観察を重視する。優れたデザインは、人々のニーズと、こうなりたいという将来の欲求を両方満たすことができると考えられている。

多角的な視点を持ちつつ全体最適を目指す

デザイン思考の実践に必要な項目として次の5点は頭に入れておきたい。[10]

8 Walls, J. G., Widmeyer, G. R., & El Sawy, O. A. (1992) Building an Information System Design Theory for Vigilant EIS. *Information Systems Research*, 3 (1), 36-59.

9 Baskerville, R., Pries-Heje, J., & Venable, J. (2009) Soft design science methodology. *The Proceedings of the 4th International Conference on Design Science Research in Information Systems and Technology*, Philadelphia, Pennsylvania.

10 Brown, T. (2008) Design Thinking. *Harvard Business Review*, 86 (6) , 84-92.

①共感力：多角的な視点を持って物事を捉える。人間中心の考え方にもとづいて、問題やニーズをくみ取る
②全体思考：木ではなく森を見る。課題の原因は一つとは限らない。複数の課題の関係性を理解し、深く分析をする
③楽観主義：社会課題がいかに複雑であったとしても、既存の選択肢よりも良いソリューションが少なくとも一つはあると信じる
④実験主義：新しいことを常に試し続ける
⑤協働：分野の異なる多様な人々とのコラボレーション。一つの分野にとらわれることなく、工学、経営学、人類学、産業デザイン、建築、心理学などの連携による実践を進める

ここでのキーワードは、多角的な視点と全体最適の観点を持つこと、そしてトライ＆エラーとコラボレーションである。複雑系の構造が抱える要素の多様性を否定するのではなく、多様性を活かすことが創造性を高めるとの認識にもとづいて、ニーズや欲求の把握に努めることが大切だ。

人間の思考はどうしても近視眼的になりがちであることも意識したい。ハーバード大学のセオドア・レビット教授は近視眼的マーケティングという言葉を使って、マーケティングの失敗は市場が飽和しているからではなく、マネジメントの近視眼が原因だと説明した。[11] デザイン思考においては、全体思

考にもとづいた全体最適のアプローチが求められる。

デザイン思考が持つプロセスの反復性やトライ&エラーというキーワードは、DX時代のソシオテクニカル経営に求められているアジャイル開発に通じる。失敗を恐れず常に走り続ける、走りながら修正を繰り返す姿勢が大切になる。そして、多角的な視点を持つためにも異なる分野の人々のコラボレーションを日ごろ心掛けたい。

ちなみに、先のアレグザンダーは、「科学者は既存の構造物の構成要素を特定しようとする。デザイナーは、構造物の構成要素を形作ろうとする」と述べている。異なるバックグラウンドを持つ者同士が協力して、複雑系を生き抜く人工物を設計していきたい。

最小限のリソースで最大限の価値を生み出すためのフルーガル概念

ソシオテクニカル経営のデザインプリンシプルは、企業をITトランスフォーメーション(組織内の効率化を重視)からデジタルトランスフォーメーション(組織を変革し、外部環境との関係性の変化を価値に変える)に導く道しるべである。

本書で提示するデザインプリンシプルの前提となるのは、フルーガルの考え方だ。フルーガルとは、日本語にすると「倹約/質素」や「質実な」となる。もともと経済学で使用されていた単語で、日常

11 Levitt, T. (2004) Marketing myopia. *Harvard Business Review*, 82 (7/8), 138-149.

図1-8　フルーガルとアジャイル、レジリエントの関係

【フルーガル】
既存の（あるいは質素な）部品の組み合わせの柔軟性

➡

【アジャイル】
組み合わせや連携による機動力の向上

➡

【レジリエント】
複雑系に適応するソシオテクニカル経営の実践

的に使われる言葉ではないのでなじみのある方は少ないかもしれない。最小限のリソースで、最大限の価値を生み出すという意味がある。

　経営学の事例としては、インドのタタモーターズがフルーガルイノベーションの事例として取り上げられることが多い。使えるリソースが限られた環境下で、製品をゼロから作り上げるのではなく、自分たちの身の回りにある部品を集めて組み合わせることで必要な人工物を作り上げる手法である。この考え方が、複雑系の構造における人々の個別ニーズへの柔軟な対応の鍵となる。

　前述したように、現代は新しいテクノロジーが社会に与えるあらゆるインパクトを想定して、完全な仕組みを事前に構築することは極めて困難な時代である。人々のニーズが変わるスピードも速い。事前に想定されるあらゆるニーズや課題に対応しようとすると、技術システムは大きく重たくなる。結果的に、何か突発的な事象が起こった時の回復に時間がかかってしまったりする。

　例えばセキュリティ鍵を複雑に組みすぎて、災害時など本当に機能を回復させたい時に妨げになるケースがある。ＤＸ時代のソシオテクニカル経営では、最初から大きな仕組みを構想するのではなく、小さなシステムをたくさ

ん作り、必要に応じて組み合わせながら大きなシステムを構築することが大切になる。「組み合わせ」や「連携」が、アジャイルとレジリエント実現のキーワードだ（図1－8）。

既存の仕組みの組み合わせや連携による全体最適の実現

フルーガルを理解するために参考になるのは、ブリコラージュの考え方だ。1960年代にフランスの人類学者クロード・レヴィ＝ストロースが「修繕する」という意味のフランス語から用いたのが始まりで[12]、その後組織マネジメントの文脈では、自分の手元にある素材で即興的にビジネスプロセスを改善する思想として定義し直されている。

フルーガルの思想が着目する〝最小限〟のリソースというのは、組織マネジメントの文脈で言うところの〝既存〟のリソースということになる。既存のリソースをいかに組み合わせ連携させるのかがブリコラージュの発想であり、それによって最大限の価値を生み出そうとするのがフルーガルの目的ということになる。

簡単にまとめると、「一つひとつの目的ごとにいちいち技術システムを作らない！」というのがフルーガルの教えになる。無尽蔵に資金を投入することが可能な環境であれば、必要になったその都度ゼロから目的を達成するための技術システムを作ることも可能かもしれない。ただ、社会の要請に合わ

12 Lévi-Strauss, C. (1966) *The savage mind*. The University of Chicago Press.

せて複雑で巨大なシステムを構築したとしても、社会側のニーズが突発的に変化することが起こり得る。

限られたリソースで、本当に必要な機能を定義する。小さなシステムかつ既存の仕組みの組み合わせで大きな仕組みを構想し、技術システムと社会システム双方の細やかなコミュニケーションによってシステム間の連携を深め、複雑性と多様性を取り入れていくことが、DX時代のソシオテクニカル経営の1丁目1番地の考え方だ。

フルーガル概念にもとづく5つのデザインプリンシプル

以上のような大きな思想にもとづいて、本書では、ソシオテクニカル経営の実践に必要な5つのデザインプリンシプルを提示する（図1－9）。

デザインプリンシプル① エコシステムを作る（協働）

DX時代の社会システムと技術システムの統合設計のためのコミュニケーションは、プラットフォーム型になる。垂直的な組織の中で機能ごとにITリソースを管理していたころは、計画された環境下でコントロールに重きを置いたガバナンスが実施される。プラットフォーム型ガバナンスでは、ITの専門家ではない多様な人がITリソースにアクセスすることを前提として、サービスやデータの連携にもとづいた組織やビジネスモデルの変革が志向される。

結果として外部組織との連携や協働、エコシステムを積極的に活用することが、企業の競争力を左

図1-9　ソシオテクニカル経営のためのデザインプリンシプル

- **デザインプリンシプル①　エコシステムを作る（協働）**
  多業種協働による価値創造を目指す
  プラットフォーム型ガバナンスの果実を組織全体に広げる
- **デザインプリンシプル②　消費者とのエンゲージメントを高める（体験価値の提供）**
  消費者に新しい体験価値を提供する
  信頼関係にもとづく長期的な関係性を構築する
- **デザインプリンシプル③　情報とサービスの個別最適化を図る（文脈化）**
  消費者の多様なニーズに応える
  多様性を活かした創発を志向する
- **デザインプリンシプル④　モジュール構造で顧客にカスタマイズしたサービスの弾力提供**
  サービス間連携を前提とする
  小さな仕組みの組み合わせで大きなシステムを志向する
- **デザインプリンシプル⑤　データセントリックによるデータの資源化**
  データの標準化
  データの持つ特性を社会的な価値につなげる

右する。

デザインプリンシプル② 消費者とのエンゲージメントを高める（体験価値の提供）

ソシオテクニカル経営では、テクノロジーが持つ道具的な目的だけを実行するのではなく、社会システムの質の向上のためにテクノロジーが使われる。社会活動を構成する個人や組織が抱える課題を的確に把握し、対応することで新しい価値を見出すことになる。

ここでキーワードとなるのが、エンゲージメントや信頼関係といった、消費者との関係性やつながりを示す言葉である。一組織や一部門の〝効率化〟という価値を超えて、デジタル活用によって消費者との関係やつながりを変えていくことが、新しい価値創出の第一歩となる。

消費者との長期的な信頼関係の構築には、組織の変革が伴う。日本の多くの企業では、営業や販売、バックオフィスといった機能ごとに小さな単位のグループが組織（○○部門や○○課など）されている。組織の論理ではなく、ユーザーセントリックな視点にもとづいたサービスの設計が求められている。

デザインプリンシプル③ 情報とサービスの個別最適化を図る（文脈化）

消費者との関係やつながりを変えていくことで生まれるサービスは、パーソナライズサービスと表現することも可能であるし、社会の多様性を活かすサービスと言い換えることもできる。正解は一つではなくて、人の数だけ、組織の数だけ存在する。多様性を活かすソリューションを生み出すためには、消費者の「文脈」の理解が不可欠となる。

一人ひとりの嗜好や考え方（自身に関するデータをどのように扱ってほしいのか／ほしくないのかという情報を含む）などを共有してもらえる信頼関係を土台として、ユーザーの「文脈」をより深く理解することにエネルギーを注ぐ必要がある。

詳しくは第2章で説明するが、これまで社会システムと技術システムの統合設計のボトルネックは、技術システム側の制約だった。そのため、小回りのきく情報やサービスを迅速に柔軟に利用者に届けることが難しかった。多様なニーズを活かす能力がなかったと言ってもいい。業務機能ごとに垂直型に統治された企業組織では、個別業務に最適化された形でシステムが組まれるため、ユーザーの視点に立ったサービス設計が難しいという背景もあった。DX時代には、これらの制約を超えて新しい価値創出につなげたい。

デザインプリンシプル④　モジュール構造で顧客にカスタマイズしたサービスの弾力提供

ソシオテクニカル経営においては、最小限のリソースで最大限の価値を生み出すために、既存の仕組みを積極的に活用していきたい。フルーガルの観点に照らし合わせると、私たちが普段使い慣れているツールをベースに議論を進めるのが望ましい。車輪の再開発はしない、をポリシーにしたい。

システムをモジュール（部品）化して組み合わせを容易にすることで、サービスの機動力が向上する。例えば東京から北海道へ出張に行く際に、経路の検索や移動手段の予約、必要に応じて宿の予約、経費精算に必要な書類の送付などを一括で行える、あるいは現地の天気や気温などに応じた服装や持ち物が提案されると嬉しい。それぞれの仕組みをゼロから開発するのではなく、既存の仕組みを組み合わせながら体験価値の向上を図りたい。

モジュール化による機動力は、社会システムと技術システムの統合設計にも大きな役割を果たす。

デザインプリンシプル⑤　データセントリックによるデータの資源化

システムがモジュール化されサービス間連携が実現しても、各サービスに必要な情報をその都度入力する必要があるようでは、レジリエントにならない（給付金の例を参照）。モジュール構造とデータセントリックにもとづいたサービスの組み合わせとデータ連携により、ユーザーの多様なニーズに応えることができる。

例えば行政サービスなども、引っ越しの度にそれまで住んでいた市役所と引っ越し先の市役所に赴いて必要な書類を（同じ情報を）何度も提出するよりは、一度引っ越しの登録をしたら公的な記録が自動的に更新されると便利であるし、付随する準公共的なサービス（例えば銀行）の登録情報にも反映されるような仕組みがあるといい。

このようなことを実現するために必要なのはデータの標準化であり、データセントリックな構造を持った仕組みがデータを社会的な価値につなげることができる。

第1章のおさらい

◉ソシオテクニカル経営は、デジタルトランスフォーメーションの方法論。ソシオテクニカル経営が目指すのは、クオリティ・オブ・ライフや生活全般の〝質〟の向上。

◉ソシオテクニカル経営においては、社会システムと技術システムの統合設計が重要。社会システムは元来複雑系の構造を持っており、複雑系に存在する多様性を活かす設計が生活全般の〝質〟の向上につながる。

◉複雑系の環境に適応するためには、社会システムと技術システムがレジリエント（不確実性の高い外部環境への適応能力）である必要がある。そのためには、アジャイル開発によってシステムの機動力を上げなければならない。

◉複雑系の秩序（アーキテクチャ）を守りながら新しい価値を創出するのが、DX時代のソシオテクニカル経営。複雑系の秩序を守るためのデザインプリンシプル（統合設計のコミュニケーションの指針）を持ちたい。

◉社会システムと技術システムの全体アーキテクチャとデザインプリンシプルを固めてから個別サービスの設計に入ることで、フロントアプリの機動力を高めることができる。

第2章

人に優しいシステムを作るソシオテクニカル経営

1 デジタルトランスフォーメーション（DX）の果実を社会全体に還元するためのソシオテクニカル経営の考え方

国際的にみた日本のデジタル競争力は中の上

デジタルトランスフォーメーションによって、社会や企業経営はどう変わるのだろうか？

デジタル競争力の国際比較を行っているスイスのビジネススクールＩＭＤの調査では、「知識」「技術」「将来性」の３つの観点からデジタル競争力を判断し、毎年各国を順位付けしている。デジタルトランスフォーメーションと企業経営をどのように捉えたらいいのかについてヒントをもらうため、調査結果を簡単に紹介する。

２０２１年に調査対象となった64カ国中、日本の総合評価は28位だった。この調査で日本は、過去５年間ずっと20位台をうろうろしている状況である（直近３年間では、23位→27位→28位と後退している）。ちなみに、アジアパシフィック地域でも14カ国中９位と、他国の後塵を拝している。香港、シンガポール、台湾、韓国、中国が、アジア太平洋地域のトップ５を占めている。

デジタル競争力の「知識」「技術」「将来性」を判断するため、それぞれのカテゴリーに３つのサブカテゴリーが設けられている。例えば「知識」カテゴリーには「人材」「教育」「科学」のサブカテゴリーがあり、日本は「人材」のサブカテゴリーで47位というあまり誇らしくない結果をいただいている。２０２０年は46位だった。

「人材」評価に使われた指標は、PISA（OECDの国際学力調査）の数学的リテラシー、国際経験、高度外国人人材、都市のマネジメント、デジタル／テクノロジースキル、外国人留学生の数である。多くの方がお察しの通り、国際経験は調査国の中で最下位の64位となり、デジタル／テクノロジースキルもほぼ最下位に近い62位となっている。高度外国人人材の活用も49位と低い。ちなみに、PISAの数学的リテラシーではこの20年間、日本は世界のトップを死守していて、この調査でも5位となっている。

「知識」カテゴリーの「人材」以外のサブカテゴリーでは、「教育」21位（2020年の18位から後退）、「科学」は13位（2020年の11位から後退）という順位だった。

日本は技術「高」・人材「低」

興味深いのは、日本は「人材」の国際経験やデジタル／テクノロジースキルにおいて調査対象国の中で低い評価を受ける一方で、「技術」や「科学」の評価項目では高順位ということだ。科学技術に関する評価項目のうちハイテク特許の助成では5位、教育やR&Dにおけるロボット活用は4位、R&D支出は5位と世界のトップに入っている。無線ブロードバンドの普及率は2位、モバイルブロードバンド加入者数は11位、インターネットユーザー数は14位である。

人材評価とインフラ・技術評価を比較すると、典型的な科学技術「高」、人材「低」の評価となっていることが分かる（図2－1）。

図2-1　日本のデジタル競争力の国際評価

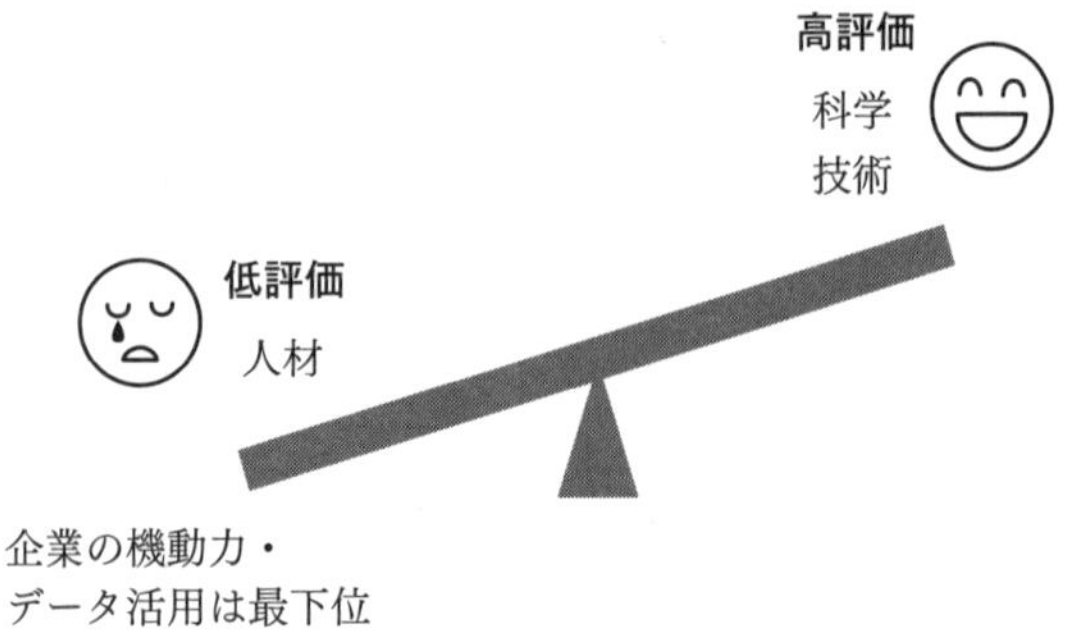

デジタル競争力を測る3つ目の観点である「将来性」は、「適応性」「ビジネスの機動力（アジリティ）」「ＩＴ統合」のサブカテゴリーにより評価され、日本は「ビジネスの機動力（アジリティ）」で53位。ビジネスの機動力を構成する評価項目のうち企業の機動力は調査国中最下位の64位、ビッグデータ分析・活用でも63位となってしまった。

このような国際比較のランキングは、調査項目をどのように解釈するかによって得点が容易に変わる可能性を否定できないので、細かな順位に一喜一憂する必要はない。ただ、ある程度現実を表していると思われた方も多いのではないだろうか。つまり、日本には科学技術を得意とする技術者は多い。特許出願やインフラ整備に強い。インターネットもよく使われている。

一方で、技術を使って何をするのかを構想する人材が少ない。技術の活用と、時代の流れに応じてフレキシブルに組織を変えていく機動力が弱い。

２０００年以降、世界最先端のＩＴ国家を目指してきたこの20年間は、技術開発やインフラ投資が先行しがちだったかもしれない。コロナ禍のデジタル敗戦とセットで語られる〝デジタル人材の不足〟の本質は、「デジタル技術を使って何をどのようにしたらいいのか分からない」という実態ではないだろうか。

自らを変革させるための知識のアップデートが必要

「何をしたらいいのか分からない」症候群に陥っている理由は、それを考えるための考え方や知識を学んでこなかったからだ。一人ひとりが怠惰だから学ばなかったのではなく、そもそも必要な知識を獲得する環境や機会が日本には少ない。

それでもこれまで日本経済が世界の中で存在感を示してきたのは、工業パラダイムにおける大成功が背景にあるだろう。第二次世界大戦後、製造業を中心としたものづくり国家として確固たる存在感を世界に示し、今も私たちはその恩恵にあずかっている。先人が築き上げた工業大国としての恩恵に誇りと感謝を抱きながら、その一方では多くの日本人が、現在のデジタル社会における日本の存在感の低下を憂慮している。

象徴的な出来事として、1990年前後と現在の世界時価総額ランキングの比較がよく紹介される。当時の世界時価総額ランキングを席巻していたのは日本の銀行、製造業、インフラ事業者などだった。ほとんどの企業が現在のランキングから姿を消し、代わりにネットワーク革命の恩恵を受けた米中のＩＴ企業が名を連ねることになった。

日本をジャパンアズナンバーワンに押し上げた工業パラダイムと、今私たちが生きている情報社会

における デジタルパラダイムには明確な違いがある。その違いを正しく理解し、1980年代までの成功体験からの明確な決別をしない限り、日本の未来はない。
さらに現代は、インターネットの浸透による社会の複雑系化の深まりとともに、将来の方向性が見通しにくい不確実性の高い時代となっており、先のデジタル競争力調査で日本の評価が低かった、ニーズに合わせて自らを柔軟に変革する機動力の重要性が増している。

変革を後押しするソシオテクニカルの考え方

今日の日本では、企業や組織が機動力を獲得すること、デジタル活用による新しい価値の創造を後押しすることが急務となっている。特に、「デジタル技術を使って企業をどのように変革していくのか?」「デジタル技術を使ってユーザーにどのような価値を届けるのか?」という問いに答えるデジタルトランスフォーメーションの実践が必要だ。

トランスフォーメーションは日本語で〝変革〟という意味を持つ。本書においては、時代のニーズに機動的(アジャイル)に適応する力(レジリエント)をデジタルトランスフォーメーションの中心的な能力と捉える。この能力は、企業組織の変革、ビジネスモデルの変革、社会ニーズに合わせた情報・サービスの提供によって育まれる。

ソシオテクニカル経営の考え方は、「デジタルを使って何をしたらいいのか分からない」時に議論の全体像を示し、「答えのない」道筋を照らす羅針盤の役割を果たしてくれる。この考え方は、技術システム先行型の世の中の風潮に対するアンチテーゼと捉えることもできる。社会システムと技術システムの統合設計について考えることで、多くのケースで陥りがちな、デジタル化が〝目的〟や〝ゴール〟になってしまう過ちを防ぐことができる。

皆さんの身近でも、特定の技術やツールの導入に一生懸命になって、いつのまにか「本来その技術やツールを使って何をしたかったのか？」という問いが忘れ去られてしまったという経験はないだろうか。このような例は国内外に多くあり、日本で今身近な事例としては、マイナンバーカードが分かりやすい。

本来ワンストップ（手続きのために何度も役所に行かなくて済むようにする）でワンスオンリー（手続き中に自分の氏名や住所などの情報を何度も書かなくて済むようにする）の行政手続きを実現するためにマイナンバーの活用を議論するべきはずが、いつのまにかカードの普及率を上げることが目的となり、ポイント付与などのインセンティブなどあれやこれやの手段でカードを発行するモチベーションを高めている。「カードを発行したものの、ポイントをもらう以外に一体何ができるのか？」という話になりかねない。

技術システムと社会システムの相互関係

ソシオテクニカルの考え方は、テクノロジーの道具的な役割だけではなく、テクノロジーを使う人々の心の側面に焦点を当てるために生まれた。この考え方が生まれたストーリーには、デジタルトランスフォーメーションの本質がある。

第二次世界大戦後の1947年、イギリスの炭鉱で行われた労働環境に関する介入調査がソシオテクニカル概念の源点だと言われている。介入調査とは、研究者が現地で起こる事象を外部から観察して分析するのではなく、実際に組織に入り具体的な提案や実践活動をしながら組織の変化をサポートし、そのプロセスを観察・分析する手法だ（アクションリサーチとも言われる）。

イギリスのとある街の炭鉱では、機械の導入を進めたにもかかわらず生産性が上がらないことに悩んでいた。炭鉱で働く人々の離職率は高く、残った人々の欠勤率も高かった。そこで、生産性が高く働く人々の士気が高い鉱山と、両者ともに低い鉱山の比較調査が行われることになった。

比較調査の結果明らかとなったのは、機械の導入により生産性と人々の士気を高水準で保つためには、ある労働の慣習が重要ということだった。この慣習は、小さな規模の労働者グループが、比較的自由度の高い自律した状態で機動的に役割やシフトを変えるというもの。

結果として労働者たちは、外部からの管理や監視を最小限に抑えることに成功していた。このグループの労働者たちの間では、外部からの監視を抑えつつも、自分の担当業務だけではなく、全体の工程に目配せをするのが暗黙の了解となっていた。

一方、離職率が高く生産性の低い鉱山では、機械化による作業規模の拡大に合わせて一人ひとりが一つのタスクを任されるようになり、他の工程のことは分からず、外部からの管理が強い傾向があった。炭鉱で働く人々の自由度の高さや機動的な働き方は、もともと炭鉱内の労働文化として存在していたものだったのだが、炭鉱内の機械化が進むにつれて失われてしまったそうだ。

ソシオテクニカルでは、テクノロジーの道具的な役割だけではなく人間らしさ、幸せを保つための技術活用に着目する

この調査を行ったエリック・トリストという研究者は、分析の過程で、社会システム（炭鉱で働く人々の労働の慣習）と技術システム（炭鉱内に導入された機械群）を分けて考えてしまうことがそもそもの問題だったと回想している。[1]

炭鉱の介入調査が行われた時代には、機械に代表される〝テクノロジー〟を、組織や個人とは異なるレイヤーの存在として扱うのが一般的だった。一方、介入調査でトリストたちのチームは、人間と機械を分けて考えるのではなく、人間と同等の存在として機械を扱った。結果として、技術か人間のどちらが上位に位置するのかという議論ではなく、技術と人間の間にある相互関係の理解が重要であるという考えが生まれた。

この介入調査によって、機械の導入で労働者の独立性が強くなるのか、それとも機械化したとしてもある一定規模のコミュニティが機動性の高い働き方を維持するのか、同じ〝機械化〟という現象か

1　Trist, E. L. (1981) The evolution of socio-technical systems, *Occasional paper No.2*, Ontario Quality of Working Life Centre Toronto.

ら導かれる異なる働き方が観察された。人間が機械をどのように使いながらタスクを達成していくのかを把握することが大切という、ソシオテクニカルの原点とも言える問いが提示されたことになる。

イギリスの炭鉱での研究成果を源流として、効率や生産性といったテクノロジーの道具としてのアウトプットだけではなく、人々の幸せや自由といった人間的なアウトプットと、両者の相互作用から生まれる組織や社会の変化に焦点を当てる必要性が認識されるようになった。

単に技術（炭鉱調査における機械）を導入したからといって期待したようなアウトプット（生産性や人々の士気の高さ）が出るとは限らない。むしろ、その技術をとりまく人間が創り出すルールや慣習が技術の活用とうまくコラボレーションした時に、技術を導入する側（炭鉱のオーナー）と技術を使う側（現場の労働者）の双方にとってより良い結果が生まれる。

介入調査をするまで炭鉱労働者の労働文化の詳細が分からなかったように、人間が社会の中で創り出すルールには明文化されていないものも多いので注意深い観察が必要だ。シンプルながら力強いストーリーとして、ソシオテクニカル概念の原点となっている。

2　社会システムと技術システムを取り巻く時代の変化

情報社会のダークサイド

社会システムと技術システムに関して今世界で問題になっているのは、技術システムの発展が人類社会を新しい世界に導く一方で、個人やコミュニティ、そして生態システムに代表される自然系における幸福を脅かしているのではないかという懸念である。

人と技術の相互関係の深まりは、社会発展に大きく貢献している。例えば、旅行業界においては、ソーシャルメディアの活用やトリップアドバイザーなどに代表されるレビューシステムの導入に伴い、サービス提供側と旅行者との間にこれまでにはない関係性が生まれたことで、サービスイノベーションが進んだと言われている。情報の提供がサービス提供側から旅行者への一方通行だったところから、旅行者が情報の創り手として参画する。

彼らは訪れた場所の写真をSNSや口コミサイトにアップロードしたり、旅行者の視点から宿泊施設や観光地をレビューする。旅行や移動という行動に新しい付加価値を加え、行動変容を促した例だ。

一方で、コンピュータ技術に適応する過程で個々人に発生する心身・精神的なストレスや、ソーシャルメディア上でのいじめ、仕事とプライベートの境目が曖昧になることによるワークライフバランスの乱れなど、日常生活が知らず知らずのうちに技術システムに侵入され、〝人間らしさ〟の維持を難しくさせていることが問題だと指摘されている。これはテクノストレスと言われている。

組織のレベルでは、企業が従業員にリモートワーク用のPCとウェアラブルデバイス（リストバンド型のスマートウォッチなど）を配布して働く人の行動を管理することで、従業員のストレスレベルを上げてしまう例もある。このような事例は、技術がもたらす〝非人間的な影響〟を考慮することなく、社会の中で特定の技術システムを活用することで発生する。

技術システムの進化が経済活動に多大な富をもたらした一方で、従業員の〝人間らしさ〟や〝幸せ〟を保つこと、経済活動を支える地球資源の枯渇や地球環境そのものの持続性に疑問が呈されている。現代の技術システムを支えているのは電力であり、地球資源の有限性と強い関係がある。

技術システムが私たちの生活にもたらすダークサイドを代表する身近な事例は、インターネットだろう。自律・分散・協調を基本理念に掲げたインターネットは、中央集権的なガバナンス構造を持たないことで世界中に広がり、ネットワークによる情報社会が形成される基盤となった。

インターネット上で情報を検索することを巨大ビジネスへと変貌させたグーグルや、インターネット上で書籍コンテンツの配信、生活物品の販売を始めて大成功したアマゾン、携帯電話にインターネットをつなぐことでスマートフォンという新しいデバイスの開発に成功し、付随するエンターテインメントコンテンツの配信プラットフォームを含めた巨大エコシステムを作り上げたアップル、映画などの動画コンテンツをレンタルから配信ビジネスにトランスフォームさせ、オリジナルのコンテンツ作りを始めたネットフリックスなど、世界の時価総額ランキングの上位を占める超巨大企業が誕生した。

技術システムの持つ〝道具的〟な目標の達成に焦点が当たることでダークサイドが表面化する

私たちの生活スタイルを変革させたインターネットは、設計時点では利用者が信頼関係によりつながる研究者間のネットワークであるという想定であり、広く世界中の人々が使う想定は欠如していた。そのため、細かな運用ルールが社会インパクトの後追いの形で作られざるを得なくなり、私たちの社会にテクノストレスに代表されるような負の影響を与えることになった。

テクノストレスの事例は世界中で報告されており、例えば若年層のインターネット利用と学校での燃え尽き症候群の関係について、フィンランドの12歳から18歳の若者３０００人あまりを対象とした調査[2]では、過剰なインターネット利用と学校での燃え尽き症候群の間に相関があると明らかにしている。

過剰なインターネットの利用は、学校における燃え尽き症候群につながり、学校での燃え尽き症候群はその後の過剰なインターネット利用につながるという負の循環が生まれる。このような負の循環に置かれた若者たちは学校の外で日常的にインターネットを利用しているため、彼らのメンタルヘルスにマイナスの影響があるとしても、その連鎖を断ち切るのが難しくなる。学校教育から離脱した結果として、デジタル技術への過剰利用にさらに依存する危険性も指摘されている。

2 Salmela-aro, K., Upadyaya, K., Hakkarainen, K., Lonka, K., & Alho, K. (2017) The Dark Side of Internet Use: Two Longitudinal Studies of Excessive Internet Use, Depressive Symptoms, School Burnout and Engagement Among Finnish Early and Late Adolescents. *Journal of Youth and Adolescence*, 46 (2), 343-357.

オンラインゲームやオンラインギャンブルに没頭しすぎることが思考や思想に与える影響も大きく、性格形成にも関係することが分かっている。[3] また、ソーシャルメディアの台頭によって社会的な分断が顕在化したことも大きな社会インパクトと言える。

個人のレベルにとどまらず組織のレベルでも同じような課題がある。先ほど紹介したように、RFIDやBluetoothを使って働く人の一挙手一投足を管理することで従業員のストレス増大と燃え尽き症候群を引き起こすリスクが高まる。アメリカのテスコやアマゾンの倉庫で働く従業員の追跡調査で、こうしたリスクの存在が問題提起されている。[4]

情報社会のダークサイドは、ソシオテクニカルの観点から実社会におけるテクノロジー活用をみたときに、技術システムの持つ〝道具的〟な目標の達成に焦点が当たることで表面化していると言えるのではないだろうか。

ソシオテクニカル経営は、人々や社会が解決したい課題、ありたい状態（ビーイング）をサポートするためのテクノロジー活用に焦点を当てる考え方だ。しかしながら、現代社会におけるテクノロジーの活用が、〝人間らしさ〟を保つための人間の心理的健康や幸福感を必ずしも意識していないのではないかという問題提起は、テクノロジーの運用ルールが社会インパクトの後追いになってしまうという現状を鑑みるに、ある側面では正しいかもしれない。

古くはオルダス・ハクスリーが1932年に発表した『すばらしい新世界』や、ジョージ・オーウェルの1949年の作品『一九八四年』で描かれたように、機械文明の発達とその恩恵を受けた人間社会の顚末としてのディストピアが形を変えて（部分的にでも）現代社会に影を落としているのではないかという懸念は根強く残っている。

技術システムは社会システムの課題をサポートしより良い社会を創るために使われてきた

暗い話が続いたが、技術システムの活用の根源的な目的は社会生活の質の向上であることを今一度強調しておきたい。技術システムを構築する目的は人間の欲求を満たすことであり、欲求の深い構造を理解した時にだけ良いシステムを作ることができる。[5]

このメッセージを裏付けるために、技術システムが人類社会で果たしてきた役割について、簡単におさらいしてみよう。これまで人類社会でターニングポイントとなったいくつかの文明において、その時代時代で設計された技術システムが、社会システムの課題をどのようにサポートしてきたのかを

---

3 Kircaburun, K., & Griffiths, M. D. (2018) The dark side of internet: Preliminary evidence for the associations of dark personality traits with specific online activities and problematic internet use. *Journal of Behavioral Addictions,* 7 (4), 993-1003.

4 Moore, P., & Piwek, L. (2017) Regulating wellbeing in the brave new quantified workplace. *Employee Relations,* 39 (3), 308-316.

5 Junglas, I. A., & Watson, R. T. (2006) The U-constructs: Four information drives. *Communications of the Association for Information Systems,* 17, 2-43.

図2-2　各文明における社会システムの目的と技術システム

転換前：狩猟・採取社会
【社会システムの主な課題】どのように生き残るか?
【技術システム】ジェスチャーや言葉　目的：生存

第1の転換：農耕・牧畜社会
【社会システムの主な課題】どのように食料を生産するか?
【技術システム】数学、暦、農具　目的：生産

第2の転換：産業革命（1750年〜）
【社会システムの主な課題】どのように大規模プロセスをコントロールするか?
【技術システム】エネルギーシステム
目的：大量生産、作業効率化

第3の転換：情報革命（1960年〜）
【社会システムの主な課題】どのようにビジネスプロセスを効率化するか?
【技術システム】コンピュータ、ハード／ソフトウェア
目的：分析、記録、効率化

工業パラダイム → 日本の得意領域

第4の転換：ネットワーク革命（1990年〜）
技術システムの複雑系化
【社会システムの主な課題】どのように複雑系をマネジメントするか?
どのように社会や人々のニーズの変化に適応するか?
【技術システム】インターネット、スマートフォン、AI
目的：ネットワーク化、分散、最適化、レジリエント

デジタルパラダイム → 日本がまだ適応できていない領域

出所：Watson et al. (2012)[6]をもとに筆者作成

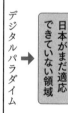

整理したのが図2－2だ。ここではアルビン・トフラーの文明論[7]に沿って整理している。

第1の転機は、狩猟・採取社会から農耕・牧畜社会への転換だった。ここで、狩猟・採取社会における社会システムの課題は何だったかを考えてみよう。答えは〝生存〟である。人々はジェスチャーや言葉を通じて意思疎通を図りながら毎日の暮らしを過ごしていた。ジェスチャーや言葉は、人間が作り出した人工物＝技術システムである。

狩猟・採取社会の後に人類は定住化して農耕するようになり、自ら食料を作り貯蔵する〝生産〟活動が生活の中心となっていく。農耕社会における社会システムの課題は「どのように食料を生産するか？」となった。文明の転換とともに、人間側の課題が変化したことが分かる。農耕社会では、人は生産活動の精緻化に役立つ数学の知識や暦、農具などの人工物を駆使しながら暮らしの糧を得るようになった。

農耕社会に続く第2の転換は、産業革命である。蒸気や電気といった新しい動力が生み出され、工場での大量生産や作業の機械化が進んだ。新しい動力による交通手段の整備によりヒトやモノが移動

---

6 Watson, R. T., Lind, M., & Haraldson, S. (2012) The Emergence of Sustainability as the New Dominant Logic: Implications for Information Systems. *The proceedings of the 33th International Conference on Information Systems*, Orlando, USA.

7 Toffler, A., & Alvin, T. (1980) *The third wave*, New York: Bantam books. 日本語訳は『第三の波』中公文庫。

して、経済活動が広がっていった。経営と生産活動が分離する。社会システム、特に経営分野においては「どのように大規模プロセスをコントロールするか？」が命題となっていく。

第3の転換は情報革命で、1960年代に電子データによって情報を記録・処理するようになったことに始まる。その後、コンピュータの進化により情報の処理能力が飛躍的に向上する。情報革命が進み世の中がハードウェアからソフトウェアの時代（第4章で説明するソフトウェアセントリックの時代）になるにつれて、モノからコト、製品からサービス化の流れが加速する。情報革命を支える情報システム（人工物）が、顧客の情報をより正しく記録し保管することを可能とした。

ここでの経営課題は「どのようにビジネスプロセスを効率化するか？」となり、CRM（カスタマー・リレーションシップ・マネジメント：顧客関係管理の考え方）が活用され様々なマーケティング手法が開発された。会計の手法、ERP（エンタープライズ・リソース・プランニング：経営資源を統合的に管理する手法）、プロジェクトマネジメントなどの考え方が生み出され、産業革命の果実である様々な工業製品の生産活動を支えていくことになる。日本はこの産業革命以降の工業パラダイムへの適応に大成功した。

ネットワーク革命から始まるデジタルパラダイム

1990年代に商用インターネットが登場すると、情報産業はプラットフォームを中心に回るようになる。第4の転換であるネットワーク革命の到来だ。利用者の数が増えることでサービスの利便性が高まるネットワーク外部性の特性を活かした様々なサービスが登場する。グーグルやアマゾンなどのプラットフォーマーたちが台頭する。消費活動が匿名を前提に行われていたところから、ネット上で個人を特定するアカウントを作成し、このアカウントをベースに消費行動が行われるようになる。

この時代背景において、ビジネスプロセスの効率化だけではなく、「どのように複雑系をマネジメントするか？」が重要な経営課題となる。

梅棹忠夫は1963年に発表した『情報産業論』で、人間の身体機能をメタファーに用いながら、情報社会に至る文明の転換を説明した。農耕社会は内胚葉（消化器）の充実期、工業社会は中胚葉（筋肉）の充実期、そして情報産業社会は外胚葉（脳神経）の充実期であると。この喩えは正に情報社会の本質を言い当てている。脳神経は、脳の中でネットワークをつくり、シナプスを通じて情報の伝達を行う。

今日の技術システムも、他の様々なシステムと連結して機能している。技術システムは単独では機能せず、システムの境界線を越えたオープンな価値交換のなかで社会システムの目的を達成している。

情報革命が機械の情報処理能力を飛躍的に向上させたことで、技術システムが私たちの日常生活に普及する速度が加速度的に速くなった。私たちの日常生活に欠かせない電話や自動車、電気といった社会インフラが世界で2割の普及率を獲得するまで50年から80年を要したのに比べて、パソコン、インターネット、携帯電話が普及率2割を超えるまでの年数は10年から20年程度だった。

新しいテクノロジーの普及スピードはかつての5分の1から4分の1程度になっている。それに伴い、技術システムに求められる社会的要件や人々のニーズも目まぐるしく変化するようになった。

ネットワーク革命がもたらした技術システムの複雑系化

デジタルトランスフォーメーションの考えが生まれた時代背景に、ネットワーク革命がもたらした技術システムの複雑系化がある（以後、複雑系の時代と総称する）。本書では、社会システムや技術システムを構成する多様な要素が相互に影響を与えながら、時に予期しなかった帰結（アウトカム）をもたらす現象を複雑系という。

技術システムが複雑系化した背景にはインターネットがある。すべてのシステムがインターネットにつながることで、梅棹の言うところの外胚葉（脳神経）のネットワーク化が進み、技術―社会システム全体の複雑性が高まっていく現象と理解いただきたい。

インターネットが一般に普及していったのは1990年代だが、その後技術システム側の進歩があり、社会システム側で新しい技術の受け入れが成熟してきたのが2000年代の後半だった。社会側での最も大きなインパクトは、誰でもいつでもどこからでもインターネットへのアクセスを可能としたスマートフォンの普及と言っていい。

モノ・ヒト・コトのネット化が進むにつれて技術システムが複雑系としてのふるまいをするようになってきていることはしっかりと認識しておきたい。少なくとも、インターネットで接続された情報の世界は、影響が交錯しながら予期せぬ展開をする複雑系の様相を深めている。これには良い面と悪い面がある。

良い面は、大小多くの企業や時に個人までもが、競って新しい機能を追加する創発的な価値創造の世界が生まれていることだ。毎年のように、前年までは想像もしなかった新しいサービスが始まり、既存のサービスと組み合わさって新しい価値を生み出している。

悪い面は、その創発的な世界に制御が利かず、不安定になったり暴走したりすることがあり得ることだ。これは前述した情報社会のダークサイドにつながっていく。そんな予測不能な世界の中で、各主体は環境条件の変化のなかで柔軟に対応することを求められる。

このような環境においては、情報システムの捉え方も機械システムのような静的なものではなく、刻々と進化する生物に類したものとして認識する必要がある。情報システムも生態系のように進化や退化を繰り返していくので、一度作ったら終わり、ということではなく、時代や社会のニーズに合わせて柔軟に機動的に変化（進化）しなければならない。

社会システムと技術システムの統合設計が求められている

複雑系の時代には、社会側の多様なニーズをくみ取って技術システムに活かすことが重要になる。ソシオテクニカル経営では、このプロセスを〝社会システムと技術システムの統合設計〟と言っている。

産業革命以降の工業システムは、大量生産を確実に行うために環境条件を徹底的にコントロールして計画通りの結果を生み出すことに力点を置いていた。ここで注意したいのは、社会システム側はその間も常に複雑系であり続けてきたということだ。すなわち、私たちが日々暮らす社会においては工場の中のようにコントロールした環境を作ることは不可能で、常に外界から多くの影響を受け、自由意思を持って動く人間の存在によって内部プロセスも複雑になっている。

結果として、特定のアウトカムを期待してシステムを構築しても予期しない結果となることも多い。これが、これまで技術システムと社会システムの設計がかみ合わない一因ともなってきた。

技術システムを導入しているうちに社会が求めるものが変化してしまい、技術サイドに設計変更を求めて困惑を誘うというような場面には、単に社会システム側の人間の能力不足とだけは言えない構造的な要因がある。

例えば、1960年代のアメリカでは快適性を求めて大きなエンジンを積んだ自動車が開発されていたが、73年のオイルショックにより燃費の悪いエンジンよりも低燃費の車が必要になった。コンピュータが生まれた当初、ハードディスクに求められていたのは処理のスピードと記憶容量だったが、ノートパソコンやラップトップパソコンの登場で人々がパソコンを持ち運ぶようになると、ハードディスクに求められるスペックは小さく大容量に変化した。

社会動向によって、技術システムへのニーズが瞬間的に変わることがある。システム設計の際には、世の中はそのようなものだと思っていなくてはならない。予期していなかった展開がありうること、あるいは想定外の大きなショック（新型コロナやオイルショック、自然災害など）があり得て、それに備えたシステムづくりをしようというのがＤＸ時代のソシオテクニカル経営の考え方となる。

もっと前向きに言えば、突然現れた事業機会を機敏に察知して対応をする企業にはビジネスチャンスが次々現れるのが、複雑系の世界だと言える。これを社会システムと技術システムに通底した設計思想とするのが、今日的な課題と言っていいだろう。社会システムと技術システムの設計は同時並行的（Concurrent）に行われるべきというのが、本書のメッセージである。


社会システムと技術システムの統合設計を同時並行的に行うといっても、元来複雑系の性格の強い社会システムをどのように捉えたらいいのだろうかと疑問に思う方もいらっしゃるかもしれない。第1章で紹介したデザイン思考、統計学や機械学習を用いたデータ分析など、学術研究の場でもよく使われている手法を駆使しながら理解を深めたい。

3 デジタルトランスフォーメーションで何が変わるのか？

デジタルトランスフォーメーションの本当の意味——効率化の先へ

ここから、複雑系の時代のデジタルトランスフォーメーションの本質に迫っていきたい。

昨今世の中で〝デジタル化〟として語られる事例は、技術システムの側面からＩＴの活用を謳うものが多い。例えば、紙ベースで行っていた事務処理をデータ化して効率化を図ることで満足してしまっていては、デジタルパラダイムにおける価値を取りこぼしてしまう。ハンコを電子サインに置き換えることがデジタルトランスフォーメーションと言えるだろうか？

デジタルトランスフォーメーションが本来何を目指しているのかを整理する時のキーワードが〝効率化〟だ。図2－2で示したように、産業革命以降、いかに効率的にリソースを管理するか、あるいはいかに効率的にビジネスプロセスをマネジメントするかという目的をサポートするために技術システムが使われてきた。このような時代には、技術システムは組織におけるビジネスプロセスの最適化と効率化を目指して導入された。組織における特定のオペレーションを対象としたITプロダクト（ERPなど）の導入によるプロセスの効率化は、デジタルトランスフォーメーションとの対比を明確にするためにITトランスフォーメーションと呼ばれている。

社会が多数者のために均質なサービスを提供すればよい時代から、個々の利用者の個別のニーズに合わせて柔軟にサービスを提供するサービス志向の時代となったことで、デジタル技術を活用した組織そのもののトランスフォーメーションが求められるようになる。

組織外の環境、具体的には社会や産業のトレンドの変化に合わせたきめ細かなデジタルサービスの設計、組織やビジネスモデル変革、そして消費者とのインタラクションなどを含めた多角的なアウトプットが求められるようになる。

このような環境の背景と目的の変化にもとづいたトランスフォーメーションを、ITトランスフォーメーションとは異なるという意味を含めてデジタルトランスフォーメーションと表現する。デジタルトランスフォーメーションでは、ITトランスフォーメーションが志向した効率化の先にある価値

図2-3　デジタルトランスフォーメーションの4つのステップ

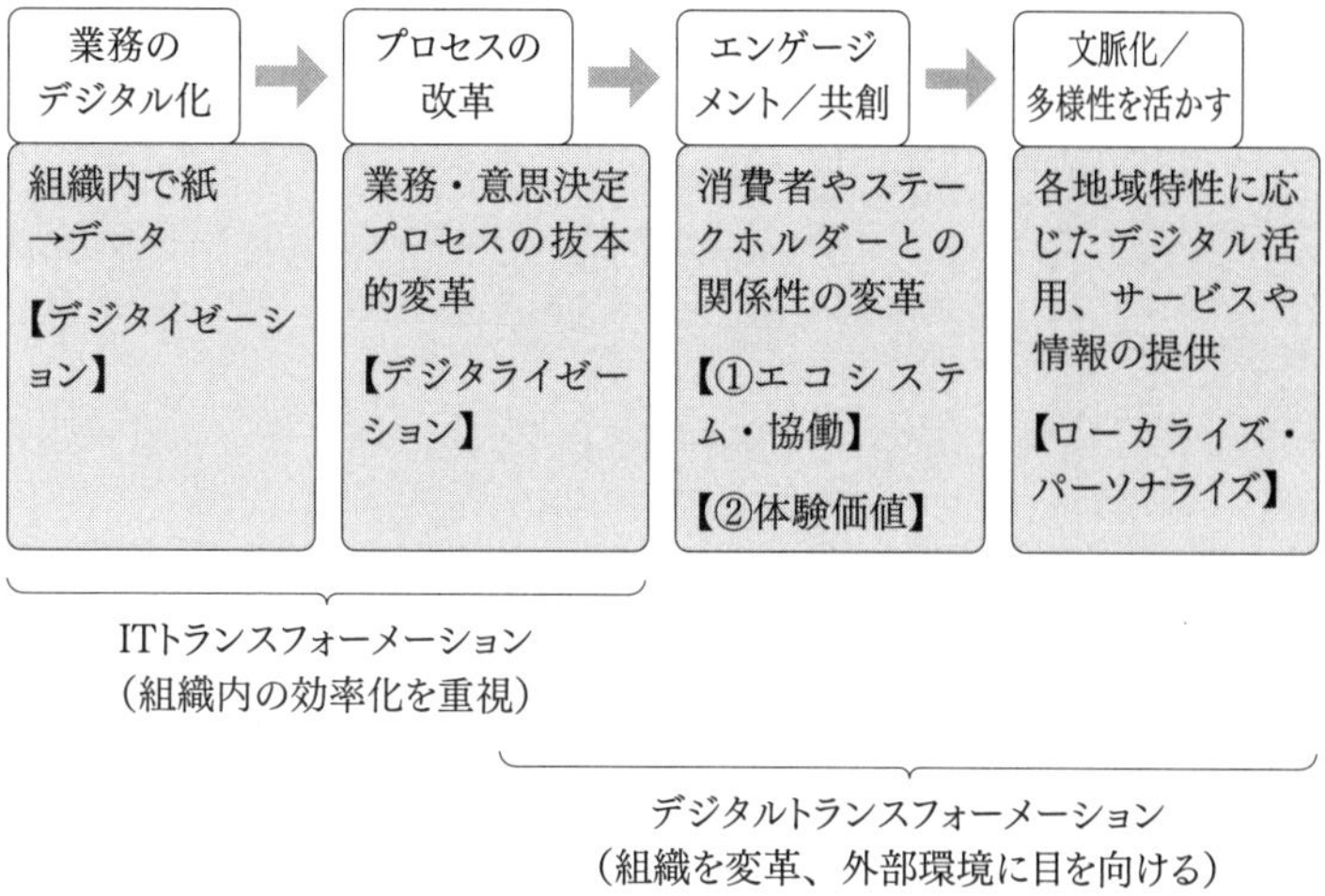

出所：Janowski（2016）[8]と櫻井（2021）[9]をもとに筆者作成

を創出していくことになる。

ビジネスプロセスの変革を伴う消費者との関係性の変化が鍵

図２―３は、ＩＴトランスフォーメーションとデジタルトランスフォーメーションの対比を交えながら、デジタルトランスフォーメーションのステップを概念的にまとめたものだ。デジタル活用が社会に与える影響の範囲や方向性の変化と解釈していただいてもいい。

ＩＴトランスフォーメーションが志向するの

8　Janowski, T. (2016) Implementing Sustainable Development Goals with Digital Government – Aspiration-capacity gap. *Government Information Quarterly*, 33 (4), 603-613.

9　櫻井美穂子『世界のＳＤＧｓ都市戦略』学芸出版社、２０２１年。

は業務のデジタル化とビジネスプロセスの変革で、図の左側に当たる。私たちの生活に身近な事例で言うと、音楽の聴き方がアナログ（レコード）からデジタル（CD）に変わったことは、図の一番左にあるデジタイゼーションとなる。先ほど例に挙げた脱ハンコの動きもデジタイゼーションと言えるだろう。

図の左側から右側へ移行する過程でビジネスプロセスが変化する。音楽の例で言えばCD売り切りモデルからサブスクリプションモデルへ、あるいはCDに音楽以外の付加価値（ファンミーティング参加券など）を付けて売るモデルに変わる。

デジタルトランスフォーメーションの本来の目的は図の右側にある。多業種からなる企業の連携（エコシステム）による新たなサービス提供や消費者とのエンゲージメント育成、そして地域特性や個人の嗜好に合わせたデジタル活用だ。デジタル技術は組織内のプロセスの効率化という目標を超えて、それぞれの地域のニーズや未来像、個人が実現したい毎日の暮らしに寄り添い、各々の目的を支えるために存在しなければならない。

内向き志向から外部連携による改革へ

ＩＴトランスフォーメーションとデジタルトランスフォーメーションの違いについてもう少し説明を進めよう。ＩＴトランスフォーメーションにおいては、個別の技術システムは、目的合理的に与えられた経営課題を効果的かつ効率的に解決することを目指して開発されてきた。表２－１をご覧いた

表2-1　ITトランスフォーメーションと
デジタルトランスフォーメーションの違い

	ITによる組織トランスフォーメーション	デジタルトランスフォーメーション（DX）
推進力	組織内の意思決定	社会や産業のトレンド（組織外）
対象	一つの組織、直接的なバリューネットワーク	組織、プラットフォーム、エコシステム、産業、社会
範囲	トランスフォーメーションは一つの組織の内部や、直接のバリューネットワーク（サプライヤー）にとどまる	組織の直接のバリューチェーンを超えてトランスフォーメーションが進化する（対社会、対消費者）
方法	オペレーションに着目した単体のITシステム（ERPなど）	デジタルテクノロジーのコンビネーション（ビッグデータ分析、モバイルアプリ活用）
アウトプット	ビジネスプロセスの最適化と効率化	ビジネスプロセスがトランスフォームしてビジネスモデルが変わる
不確実性	組織内	第一に組織外、第二に組織内
変化のポイント	ベストプラクティスにならってERPを購入 組織とサプライチェーンパートナー間に適用	消費者とのエンゲージメント 消費者とのインタラクションを創出

出所：Vial (2019)[10]をもとに筆者作成

だくと、ＩＴトランスフォーメーションの特徴として、ビジネスプロセスの効率化や最適化に焦点が当たり、その推進力も組織内にあることが分かる。

デジタルトランスフォーメーションでは、組織は〝外部〟からの影響を強く受け、トランスフォーメーションの範囲やアウトプットも組織の枠を超えていく。トランスフォーメーションの過程で、既存組織の枠組みに様々な変化が起こり、消費者との関係性も変わっていく。

トランスフォーメーションの推進力が組織の中にあるのか外にあるのかが、ＩＴトランスフォーメーションとデジタルトランスフォーメーションの違いを決定づける要因となっている。

それを示すかのように、デジタルトランスフォーメーションではプラットフォームやエコシステムといった、外部との関係性を示唆するキーワードが多用されるようになる。ビジネスプロセスそのものが変革されて、消費者とのエンゲージメント（つながり）が重視され、消費者とのインタラクションが活発化する。

デジタルトランスフォーメーションでは、自分たちの組織を取り巻く外部環境の変化と、それに付随する組織と外部環境との関係性の変化が、重要なテーマになるとも言える。技術システムに求められる機能を満たし効率性を追い求めるだけでなく、それを取り巻く社会システムが持つ目的をサポートしながら、社会全体が向かうべき大きなゴールへの道筋をつけるものとならなければならない。

例えば介護システムは単に介護作業の効率化を行うだけでなく、サービスを受けるお年寄りに対して、社会活動に復帰できる充実感を提供したい。より大きな社会的テーマに貢献するものとして技術システムが設計される必要があるし、それに反するようなシステムは受け入れられない。

デジタルトランスフォーメーションにおいては、人々の暮らしの質やニーズに、これまで以上に敏感に反応し、製品やサービスを通じて寄り添う必要がある。

技術システム側の制約がなくなった

技術システムが社会側のニーズに寄り添うことをこれまで以上に考えられるようになったのは、ハードウェア（特に集積回路）の能力が向上し、技術システムが制約条件でなくなったおかげでもある。

産業革命以降の工業パラダイムにおいては、ハードウェアの効率的使用のために均質的な製品を安定的に社会の大多数（マス）に対して提供することが求められた。社会のニーズもそのようなものであったし、技術側も個別ニーズに対応できるだけの処理能力がなかった。社会システムの目標は、技術サイドのキャパシティを超えるところには設定されなかった。というよりも、設定できなかった。

かつては、ハードウェアの限界を意識しながらハードウェアイメージでソフトウェアを記述しなければいけなかった。これは昔の自動車がエンジンの限界を意識しながら電気系統を設計しなければいけなかったのに似ている。

10 Vial, G. (2019) Understanding digital transformation: A review and a research agenda, *The Journal of Strategic Information Systems*, 28 (2), 118-144.

ハードウェアの性能が向上するにつれて、多少ハードウェアの利用効率が悪くても、目指すビジネスプロセスのイメージに合わせてソフトウェアを設計することが許容されるようになってきた。例えば「メモリ番地何番地に記録しろ」という命令の代わりに、「変数x（例えば合計）を記録しろ」とだけ書くことが許されるようになってきた。

自動車の例で言えば、エンジンの性能が十分に大きくなって、車室内の居住性を高めることだけを意識しながらエアコンを設計することが可能になった。このような「構造化」が可能になったことで、統合設計がやりやすくなったのである。

技術的な制約がソシオテクニカル経営における社会システムと技術システムの統合のボトルネックだった時には、技術を優先して設計し、それに合わせて社会サイドの制度やルールを設計することが合理的だった。

また、生存に必要な基礎的な物資の不足が最大の課題だったころには技術開発の目標も鮮明で、複雑な社会課題を考える必要はなかった。これが今や心身の充足（ウェルビーイング）や、地球環境との共生などの別テーマの重要度が高まるにつれて、どんなに優秀なハードウェアを用意しても、社会システム側が追いつかないと技術の持ち腐れになってしまう状況が生まれるようになった。

2020年に改正された科学技術基本法は、1995年に策定されてから20年間、「科学技術を振興させる」ことを第一の目的としてきた。2020年の改正では、その20年の間に「科学技術を振興させるのは何のためなのか」という議論を深めてこなかったのではないかとの反省を踏まえて、科学技術が人々の生活にどのような価値を加えることができるのかを議論するべき、との方向性を明確に打ち出した[11]。

ソシオテクニカル経営が問うているのはまさにこの点で、デジタル技術に囲まれた私たちの社会が進むべきゴールの設定・設計と、それを達成するための社会システムと技術システムの統合設計の重要度が高まっていると言えるのである。

複雑系の時代と多様性

デジタルトランスフォーメーションの背景となった複雑系の時代には、これまでの均一的なソリューションでは太刀打ちできない。正解があるようでない、正解は創り出すしかない、という時代の特徴がある。社会として様々な価値観を受け止めていこうとするインクルージョンの考え方、あるいは多様性が重視されるようになる。結果として、今までよりも「個」が尊重される時代になる。

これまでであれば均一なマス（大衆）、あるいは平均的なペルソナを前提に社会制度やサービスが設計されてきたところ、一転して一人ひとりにカスタマイズされた個別最適化したサービスが求められるようになる。この背景には、個別最適化のサービス設計を可能にするシステム側の進化（サービスを

11　国立研究開発法人科学技術振興機構の『産学官連携ジャーナル』２０２１年1月15日付、総合科学技術・イノベーション会議の上山隆大常勤議員のインタビュー記事より。

モジュール化して組み合わせる）もある。複雑系の時代におけるデジタルトランスフォーメーションでは、多様性を活かすことが社会システムと技術システムの質を上げることにつながる。

ここで大切になるのが、図2－3で提示した「文脈」の考え方だ。「文脈」は、ある特定の空間で営まれる日常生活や社会生活、企業活動と密接な関係がある。イギリスの炭鉱という特定の空間で機械と人間の関係性が生まれ、炭鉱の人々の労働文化が生産性や労働者の士気に影響を与えていたように、私たちは何らかの社会規範のなかで生活し、行動している。社会規範が育まれる環境は様々で、企業や組織も独自の文脈を作っている。

社会情勢、企業や組織に蓄積された暗黙知、明文化されていない文化、家庭の状況、コミュニティの状況、個人の考え方などがその空間における文脈を作る。これらは人の行動に影響を与える。

コロナ禍でのマスク着用について日本と海外の違いがよく紹介されたが、この議論も文脈として捉えることができる。日本人は社会規範（あるいは他者と同質であること）を重視し、諸外国では最低限のルールを決めてあとは個人の意思決定に任せるという対応が印象的な出来事だった。

私たちは一人ひとり、人生の目的や、理想とする暮らしの像を持っている。理想とする暮らしのイメージがなかったとしても、毎日の生活の中で「こうなりたい」「こうしたい」という希望を少なからず持っている。自分だけではなく、家族や友人たちとの共通の夢もある。同様に、私たちの住む地域にもそれぞれ地域特性があり、住んでいる人々のコミュニティの形や目的も様々である。地域に根差す企業にも目的（パーパス）や将来像（ゴール）がある。

個人、コミュニティ、組織が、それぞれの視点でそれぞれが目指すべき正解を追求していくのが、複雑系の時代における多様性の姿である。その過程で、時には存在すら感じさせないほど当たり前にそこにあって各人の目的をサポートするのが、デジタル技術が社会の中で目指すべき立ち位置だろう。

デジタルトランスフォーメーションで変わる〝価値〟の源泉

複雑系の時代の到来を後押しした個人へのデジタル普及と技術システムの進化は、デジタル活用が生み出す価値の源泉を変えた。

繰り返しになるが、様々な管理手法を駆使して計画通りの結果を生み出すこと、ビジネスプロセスをいかに効率的に行えるのかを第一の価値としていたのが、ITトランスフォーメーションである。デジタルトランスフォーメーションでは、社会や産業全体のトレンドを踏まえながら、人々のニーズや多様な文脈に合わせて、自らの組織やビジネスモデルを機動的に変革していくことが価値の源泉となる。具体的には、プラットフォームを活用した多業種協働、データ活用による消費者への新しい体験の提供、消費者とのエンゲージメントの向上にエネルギーが注がれる。

例えば、ウーバーを皮切りに様々な事業者が提供を始めたスマートフォンアプリ経由の配車サービスは、私たちに新しい移動の体験をもたらした。自分の位置情報をアプリ上で共有すると現在地まで迎えにきてくれる、迎えの車が今どこを走行しているのかがリアルタイムで分かる、行き先を事前に入力することで大体の支払い料金が分かる、目的地に着いたら自動で決済が済んでいる――などなど、それまでタクシー会社に電話連絡して配車を依頼し、支払う料金も降車するまで分からなかった体験が一変した。

このような新しい体験価値を提供するアプリケーションには、複数の異なる種類のテクノロジーが搭載されていることが特徴だ。例えばウーバーアプリには、車を呼ぶ配車機能に決済システムが搭載されることで利用者の利便性を高めている。

デジタルトランスフォーメーションの事例としてよく引き合いに出されるウーバーは、サービスを遂行するうえで必要な車やドライバー、飲食店などを自分たちで保有していない。これが彼らのビジネスモデルの大きな特徴となっている。他社（者）が持つ資本を組み合わせ、利用者のニーズや文脈とマッチングさせることで消費者への新しい体験の提供に成功した。

他者が保有する資本の組み合わせは、プラットフォームをベースにした多業種によるエコシステムを形成することで可能となるモデルである。

プラットフォームが登場する以前にも、一つの製品やサービスを作るために多業種による連携は行われていた。その時代の多業種連携とDX時代のエコシステムは、連携の方向性が縦（ヒエラルキー）なのか横（水平）なのかという点で異なる特徴を見せている。

例えば日本の製造業においては、大企業の製造エコシステムに技術力の高い中小企業が多く存在する。大企業を頂点とするヒエラルキー構造を作るいわゆる系列企業である。

デジタルトランスフォーメーションが志向するエコシステムは、縦ではなく横のつながりを重視しつつ、異なる業種によって構成されるのが特徴的だ。横の広がりを持った多業種協働により様々なサービスが連携されて、新しいビジネスモデルや体験価値の提供を目指すことになる。

データ活用によって人々の暮らしやニーズにこれまで以上に寄り添いたい

これまでよりも消費者の文脈を意識したサービス設計を行うことも、デジタルトランスフォーメーションの価値の最大化につながる。消費者に均一的なサービスの提供を続けているだけではエンゲージメントを高めることは難しいため、利用者の状況や趣味嗜好に沿った形でサービスがパーソナライズされていく必要がある。

均一的なサービスからの脱却とは、すなわち利用者の多様なニーズに広く対応していくということだ。技術システム側の制約を鑑みることなく、社会システムと技術システムの統合設計を行うことのできる環境が、このような多様なニーズへの対応を可能とした。

多様なニーズに対応する、一人ひとりに最適化したサービス提供のためには、ユーザーの状況を細やかに把握するためのデータ活用が重要になる。データは単体では価値を持たず、異なる種類のデータを組み合わせることで「意味」が生まれ、解釈が可能となる。

データは通常、組織の中で分散して管理されていることが多い。例えば、顧客データへのアクセスが制限されている環境の中で、顧客データを閲覧できるシステムに入り自分が欲しい情報をメモ用紙に書き写して、自分がアクセスできるシステムに別途入力する、という経験をされた方はいないだろうか（顧客データはあくまで一例なので、他のデータベースと置き換えていただいて構わない）。

必要なデータを必要な時に組み合わせて使うことができなければ、社会システムと技術システムの統合設計はうまくいかない。組織内部におけるデータ共有にとどまらず、外部の組織あるいは個人が保有するデータを活用することで事業に新しい価値を付加することができる。情報が持つ価値を最大化したい。このようなデータ連携によって、ウーバータクシーのような、車や運転手を持たない配車サービスが可能となる。

4 人に優しいシステムに向けた「文脈」の理解

人はなぜテクノロジーを受容するのか？

ソシオテクニカル経営における人々のニーズや文脈を理解するためには、「そもそもなぜ私たちはテクノロジーを使うのか？」という問いを考えてみることも有効だ。

個人や組織がテクノロジーを受け入れる理由を分析する際によく用いられる考え方に、テクノロジー受容モデル（technology acceptance model）がある（表2－2）。

テクノロジー受容モデルは今から30年ほど前に提唱された考え方で、これまでに様々な解釈が加えられてきた。もともとのテクノロジー受容モデルは、ユーザーがテクノロジーを使うかどうかを判断する際に「有用性」と「使いやすさ」の2つの要因が働くと説明した。

表2-2　テクノロジー受容モデル

テクノロジー受容の要因	要素説明
有用性	●目的を遂行するためにテクノロジーが欠かせない ●特定のニーズを満たすためにテクノロジーが欠かせない ●テクノロジー活用により仕事の生産性や生活の質が上がる
使いやすさ	●テクノロジーを使うことにストレスや精神的負担が少ない ●テクノロジーを使う際に説明書を見る必要がない ●エラーが出た後にスムーズに回復する ●思った通りに動く ●操作が覚えやすい
社会性	●他の人と交流したい ●他の人を助けたい ●社会的な経験を積み重ねたい ●他者とのつながりにより日常を豊かにしたい ●日常に“楽しさ”を加えたい

出所：David（1989）[12]とJunglas et.al（2013）[13]をもとに筆者作成

「有用性」は、テクノロジーがユーザーの目的遂行にどの程度役立つのか、あるいはより良い意思決定につながるのかという点を、「使いやすさ」は操作性や目的遂行の容易さを示している。

なお、テクノロジーの普及を分析する際には、エベレット・ロジャースの普及理論もよ

12　Davis, F. D. (1989) Perceived Usefulness, Perceived Ease of Use, and User Acceptance of Information Technology. *MIS Quarterly*, 13 (3), 319-340.

13　Junglas, I., Goel, L., Abraham, C., & Ives, B. (2013) The Social Component of Information Systems-How Sociability Contributes to Technology Acceptance. *Journal of the Association for Information Systems*, 14 (10), 585-616.

く使われている。新しい商品を購入する際の消費者の特性を、イノベーター（2・5％）、アーリー・アダプター（13・5％）、アーリー・マジョリティ（34％）、レイト・マジョリティ（34％）、ラガード（16％）の5つのタイプに分類し、商品の普及にはアーリー・アダプターへの浸透が大切と説明するものだ。

この普及理論が、新しい商品を購入する人＝テクノロジーを早々に生活に取り入れる人の〝割合〟に注目しているのに対して、テクノロジー受容モデルは人や組織がなぜテクノロジーを使うのかという〝質〟的な側面に着目していることが特徴である。

テクノロジー受容における有用性と使いやすさ

「有用性」は、テクノロジーや情報システムを使うことでユーザーの目的を有利に果たすことができる度合いを指している。「有用性」の向上には、情報の網羅性と正確性が重要だと言われている（情報のクオリティとも言われる）。どのような場合に人々がテクノロジー活用によって物事を有利に進められると判断するかは、ケースバイケースで様々な理由がある。

30年前にテクノロジー受容モデルが提唱された当時は、主に組織内におけるテクノロジーの活用を念頭に、当該システムがないと目的が遂行できない、あれば業務（タスク）のコントロールがしやすくなる、仕事の質や生産性を上げる、ユーザーのニーズを満たす、時間が効率的に使える、より多くのことができる――といった項目が有用性の評価に使われていた。テクノロジーを使うことでより優れた業績を出す、特定の目的を達成する、非生産的な時間を減らすことが、組織内でテクノロジーが受け入れられる理由だと考えられていた。

「有用性」にDX時代のソシオテクニカル経営のエッセンスを加えると、UX（ユーザーエクスペリエンス：ユーザー体験）に近い考え方になる。単に目的を達成するだけではなく、目的達成までのプロセスでどのような体験が提供されるのかが重視される。デジタルトランスフォーメーションが外部要因によって促進され、結果的にユーザーや消費者とのインタラクションから価値を創出していこうとしていることを思い出していただきたい。

「使いやすさ」は、あるテクノロジーやシステムを使う時に手間がかからない、困難に直面することなく使うことができるという観点である。製品デザインにおける使いやすさは、HCI（ヒューマン・コンピュータ・インタラクション）の分野でも重視されている。

HCIで焦点となる使いやすさは、あくまで使いやすさの客観的な評価であり、目的を達成するために必要な時間や特定時間内のエラーの回数などが評価指標となることが多い。これは、システム開発の現場ではユーザビリティテストとして開発プロセスの標準的なステップとなっている。

テクノロジー受容モデルで提唱された「使いやすさ」の指標は、客観的な評価指標よりもユーザーの主観的な判断を重視する。テクノロジーやシステムを使う際にストレスがない、説明書を見る必要がない、エラーが出た後にスムーズに回復する、精神的負担が少ない、思った通りに動く、操作が覚えやすい――などの指標が大切だとされている。

主観的な使いやすさと客観的な使いやすさは、必ずしも一致しない場合もあるので、分けて考えることが重要だ。現代のワードで言うならUI（ユーザーインタフェース）が「使いやすさ」の考え方に近い。直感的に操作できることや、システムへのアクセシビリティが重要になる。

社会性の観点を無視してはいけない

テクノロジー受容モデルの提唱からもう30年以上が経っているので、もちろん新しい知見も議論されている。「有用性」と「使いやすさ」に加わる新しい要因として注目されているのが、「社会性」である。「有用性」と「使いやすさ」の指標があくまでテクノロジーもしくはシステムとユーザーの1体1の関係性に着目しているのに対して、「社会性」は私たち一人ひとりが持つ社会的な欲求に着目する。

「社会性」の最も分かりやすい例は、「人とつながりを持ちたい（あるいは持ちたくない）」という社会関係資本（ソーシャルキャピタル）に関する欲求で、個人が他者との交わりを求めること、他者との交流によって社会的な経験を積み重ねていくことへのニーズである。この観点から近年最も普及したテクノロジーは、ソーシャルネットワーキングサービス（SNS）だろう。

「社会性」に応えることで、テクノロジーを使うことが日常の〝楽しさ〟につながり、人々のテクノロジーへの適応を高めると考えられている。

第1章で紹介したデジタルガバメントに関する住民のニーズ調査でも、デジタルテクノロジーの活用に積極的な人々の特性として、社会性の高さが浮かび上がった。人とのつながりに重きを置いて、地域コミュニティで自分が何らかの貢献をすることに生活の価値を見出している人が、デジタル関連サービスの利用意欲が高いという結果が出た。

テクノロジーによるダークサイドが社会を覆うのではないかとの懸念に応え、テクノロジーの力を人間社会の価値の源泉に変えようとするのが、ソシオテクニカル経営の本質的な考え方だ。そのためにも、デジタル時代に人々がなぜ日常生活にテクノロジーを取り入れるのか、組織がデジタル化に何を求めるのかといった、ニーズや価値観の深掘りが大切になる。ニーズや価値観は人々が所属する社会や組織の規範に大きく左右されるため、その背景にある〝文脈〟を併せて理解することがとても重要になっている。

人間らしさや一人ひとりの幸せと価値観を大切に

ソシオテクニカル経営の究極的な目標は、社会生活の〝質〟の向上にある。デジタル活用による効率化の先の価値を創出するデジタルトランスフォーメーションでは、個人や組織の多様なニーズを活かすことにエネルギーが注がれる。

産業革命以降の社会システムと技術システムが製品やサービスの質を追求していたところから一歩進んで、社会がより柔軟に、レジリエントに機能するための企業経営や社会生活の在り方が一層脚光を浴びる時代になっている。

図2-4　テクノロジーとユーザーの変化のスピードの違い

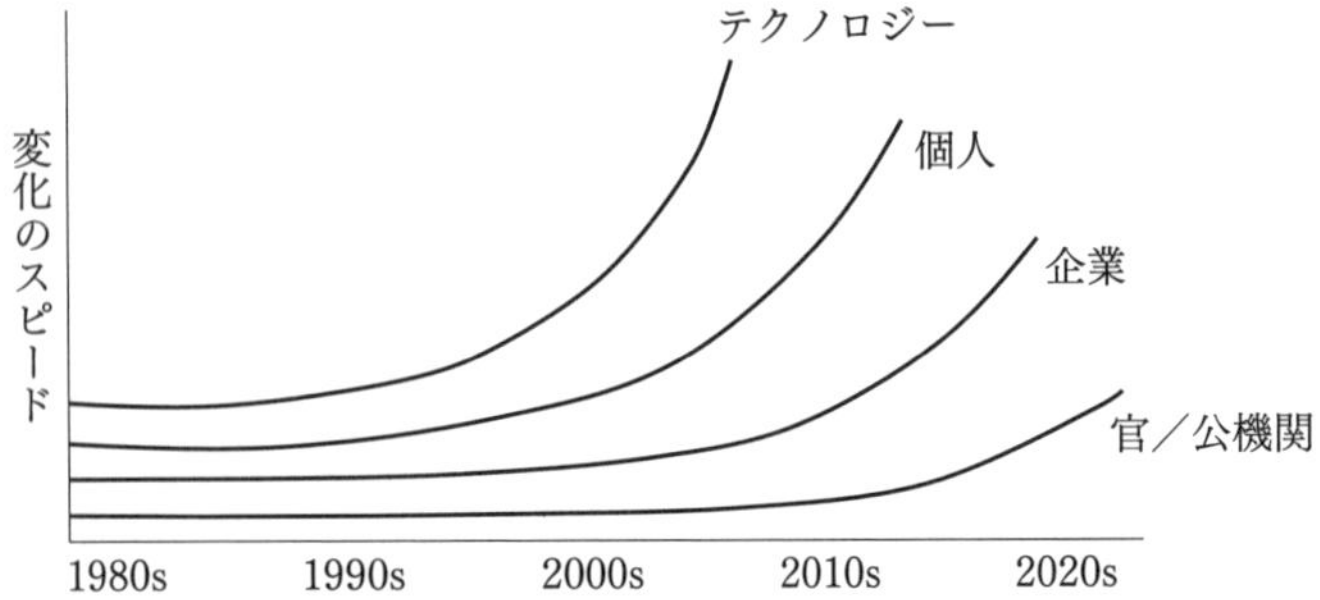

出所：Gerald et al.（2019）, p.30[15]をもとに筆者作成

この時代には、社会の変化に適応しながら組織を機動的に動かしていくための社会システムと技術システムの統合設計が、これまで以上に重要になる。

コロナ禍で社会的な期待が高まったのが、生活の様々なシーンにおけるデジタル活用だった。実際にオンラインショッピングや動画配信サービスなどは多くの人が利用した[14]。

一方で技術はあっても、社会システム側がそれを使う準備ができていないケース（例えばテレワークが思うように進まない企業もあった）や社会システム側のプロセスに合っていなかったケース（例えばオンライン申請を想定した特別定額給付金の混乱）などがあり、デジタル敗戦という言葉につながった。

この時期の議論には、技術システムの道具的な役割にばかり焦点が当たったものも少なからず見受けられた（ハンコの議論など）。新型コロナウイルスという外圧によってデジタル活用の機運が高まり、〝デジタル〟という言葉に対する注目度もこれまで以上に高くなったものの、果たして社会システムと技術システムの統合設計がうまくできていたのだろうかという反省点を残した。

技術システムは、人々のニーズや欲求を叶えるために設計されるべきである。図2－4は、1980年以降のテクノロジーの進化とそれを受け入れる個人・企業・公的機関の変化のスピードを表している。テクノロジーの恩恵を最も早く取り入れるのは個人であることが分かる。その後に企業組織、官／公的機関が続く。複雑系の時代には、変化にいち早く反応する〝個人〟が持つニーズをきめ細かに把握して、より良い質の行動を後押しするようなサービスを展開したい。

14　『令和3年版情報通信白書』第2章より。

15　Gerald C. K., Anh Nguyen P., Jonathan R. C., & Garth R. A. (2019) *The Technology Fallacy: How People Are the Real Key to Digital Transformation*, MIT Press.

第2章のおさらい

◉ソシオテクニカル経営が着目するのは、テクノロジーの道具的な役割ではなく、人間らしさや幸せを保つための技術活用。

◉技術システムは人々のニーズを満たすために使われてきたが、技術システム側の制約に沿って社会システム側の目的を定める必要があった。

◉ハードウェアの能力の向上により技術システム側の制約がなくなり、技術システムと社会システムの統合型イノベーションが可能となった。インターネットによるネットワーク革命によって、技術システム側も複雑系の様相を深めている。

◉デジタルトランスフォーメーションの本当の目的は「効率化の先」にある。

◉社会や産業全体のトレンドを踏まえながら、人々のニーズや多様な文脈に合わせて自らの組織やビジネスモデルを機動的に変革していくことが、デジタルパラダイムの価値の源泉となる。

第3章

ソシオテクニカル経営の社会的要件

1 社会システムのデザインプリンシプル

ソシオテクニカル経営を実現するための社会システム側のデザインプリンシプルは、①エコシステムを作る（協働）、②消費者とのエンゲージメントを高める（体験価値の提供）、③情報とサービスの個別最適化を図る（文脈化）の3点である。

本章では、各項目についてサイバーエージェントとセールスフォース・ジャパンの事例を交えながら説明する。デジタルトランスフォーメーションの実現には、一人ひとりの考え方や組織文化を変える必要があることから、章の後半では組織文化を取り上げる。

デジタル技術を活用して組織やビジネスモデルをトランスフォームするためには、図2－3で示したエンゲージメントと文脈化のステップについて理解し実践したい。

エンゲージメントは、デジタルトランスフォーメーションの起点となる、特定の組織あるいは企業内の一部門と外部環境との関係性の変化に起因する考えだ。ソシオテクニカル経営の観点からは、システムを構成する様々な要素のつながり方が変わる。関係性やつながり方の変化には、2つの意味がある。

デザインプリンシプル①　エコシステムを作る（協働）

1つ目は、ITガバナンスの変化に伴うエコシステムや協働の重要性の高まりだ。ITリソースが特定の組織内（一つの企業内あるいは同一企業の一部門内）に閉じて垂直管理されていたところから、多数のプレイヤーが横のつながりを持ってITリソースにアクセスしながら、サービスの組み合わせを模索するようになる。結果として一つの企業を取り巻くエコシステムが大きくなる。

産業革命以降の経営では、極力計画通り、理論通りに仕組みを動かすことが最重要課題だった。結果として生まれたのが、大企業による高度に統合されたサプライチェーン管理システムや、多様な商品を統一的なブランドで販売する多角化企業だった。これに対して、複雑系化した社会では多様な個人や企業が生み出した製品やサービスが有機的に連結されることで成長していく。これを生態系になぞらえて経済システムのエコシステムと呼ぶのが一般的だ。

社会システムを設計する際にも、従来のような統合型の管理システムを作るのではなく、エコシステムの一員として生態系上にあるものを活用しながら自分の付加価値を足して目的を実現する発想を持ちたい。これは広い意味での協働と言っていいだろう。自分たちのコントロールが必ずしも及ばない他者との協働によって新しい価値を生み出そうとする。大企業やその下請け構造の中での管理されたシステムを構築するのではなく、テーマに合わせて機動的に人が集まり仕事をなして分かれていく。

従来の企業システムの中における管理された協働とはふるまい方が大きく異なる点は要注意だが、

環境変化を前提としながら柔軟に対応できるような態勢を目指すことになる。このような態勢を構築するためには、協働のコーディネートや連携維持のために社内のリソースを割く必要がある。

後ほど紹介する企業の事例では、社内横断的な新規ビジネス創出の会議を開いてビジネスサイドのニーズと技術サイドのリソースをマッチングさせていたり、パートナー企業とのアライアンスを統括する部門を設けてエコシステムの拡大をサポートしている。

ベンチャーだけでなく大企業組織も自律的な構成員のネットワークとして動かしていこうという考え方は、フレデリック・ラルーによってティール組織[1]として理論化されており、その実践がエコシステム構築や協働であるとも言える。働く人を管理する発想ではなく自律した構成員とし、企業をチームとして連携させていくことで、従来の管理型の組織よりもむしろ高いパフォーマンスを出せることを実証的に示した書として話題を呼んだ。

エコシステムに生きるということは、必ずしも調和的なやさしい世界とは限らないことは理解しておいた方がいいかもしれない。生態系が厳しい捕食・被捕食関係で構成されているのと同じように、生態系全体に影響力を持つ企業は20世紀の工業型の大企業よりもむしろ強力になる傾向がある。クラウドネットワークなど、生態系全体が依存する仕組みにおいて圧倒的なシェアを握ることによって、それを使う様々な事業の利益を吸い取る構造を作り出している企業があることは、念頭に置いておきたい。

デザインプリンシプル② 消費者とのエンゲージメントを高める（新しい体験価値の提供）

関係性やつながり方の変化の2つ目の対象は、消費者だ。コントロールされた環境下で可能な限り品質を高めた製品を売り切る関係から、サービス提供を前提とした継続的なつながりに変わる。プラットフォーム上で〝新しい体験〟を提供することが新しい価値につながる。

ソフトウェアサービスも、パッケージでCD－ROMを切り売りしていた時代からSaaS（ソフトウェア・アズ・ア・サービス：ソフトウェアを自ら構築するのではなく、サービスのように購入して使うこと）を前提としたサブスクリプションモデルに変わった。ここで重要になるのが〝体験〟の価値である。モノを消費しておしまいではなく、サービスを通じてどのような体験をしたのかが顧客体験を測る重要なものさしになる。

後ほど紹介する事例では、UI・UXに企業競争力の源を見出したり、one to one マーケティング（消費者一人ひとりに合わせたマーケティングの方法）をベースとしたパーソナライズ化されたサービスが提案されている。

製品の市場サイクルに合わせて製品やサービス起点で販売計画を立てるのは工業パラダイムのやり

1　Laloux, F. (2014). *Reinventing organizations: a guide to creating organizations inspired by the next stage of human consciousness*. Nelson Parker.日本語訳は『ティール組織』英治出版。

方であって、デジタルトランスフォーメーションでは消費者起点でサービス展開を考える必要がある。新しい体験、新しい生活の価値、サービスや製品を通じた消費者とのエンゲージメントの向上など、ユーザーの生活スタイルやライフプランを中心にビジネスモデルのアーキテクチャを設計する必要がある。そのために重要となるのがプラットフォームと、消費者との接点となるＵＩ・ＵＸだ。

プラットフォームは、社会システムと技術システムの接点としてシステムやサービス、データ連携を支える基盤となる。プラットフォームを、多様な主体が提供するサービスを結合して、統合的かつ個々の消費者のニーズに合致した顧客体験を創造する場と位置づけることができる。ここで注目すべきは、一つのプラットフォームが単独で様々な機能を提供するのではなく、多くのプラットフォームが多層的に結合してサービスを提供していることだ。

読者の皆さんも、大手のサイトのＩＤを使いながら他社のサービスにアクセスしたり、プラットフォーム上からアクセスしたサービスの支払いにクレジットカード会社の決済システム（これもプラットフォームである）を利用されたことがあると思う。利用者との窓口となるプラットフォームは、個々の利用者のニーズにぴったりと合わせた使いやすいインターフェースを用意することで、体験価値を高めることに努める。

逆に言えば、各社とも自分のプラットフォームをメインの窓口にしてもらえるように競いながら、ユーザー体験の価値を最良のものとすべく、多くの企業や個人が提供しているサービスやコンテンツを結合、編集していくのである。

技術システムと社会システムの接点をどのように設計し、そこからどのような体験の価値を生み出すのかというUI・UXの考えを突き詰めることは、CX（カスタマーエクスペリエンス：顧客体験）の向上にもつながる。社会システムと技術システムの様々な要素のつながり方を変えていくことがデジタルトランスフォーメーションの特徴であり、複雑系の時代に求められる組織の能力でもある。

デザインプリンシプル③　情報とサービスの個別最適化を図る（文脈化）

消費者やユーザーの観点をより深く持つために役立つのが、「文脈」の概念である。文脈化は一人ひとり、地域地域、企業あるいは団体などの組織の目的に寄り添った形でのデジタル活用だ。情報やサービスのパーソナライズ化を進めて、多様なウェルビーイングを実現するための方法として重要である。

複雑系の時代において、技術システムのユーザーである人々や組織の「文脈」を理解することの重要性は増している。均質的な一律の（あるいは定型化された）情報やサービスを大衆向けに開発していた時代には、人々の平均的な考え方やペルソナ（マーケティングのために作成された架空の人物像）を用いて大多数にマッチする最適解を導く必要があった。この場合、最適解は平均的な一つとなる。一方、一人ひとりが正解と思うことに寄り添ったサービスを展開する場合には、人の数だけ正解が存在する。

ユーザーの文脈を知ることは、多様なニーズを活かすことでもある。利用者がサービスを利用すればするほど、技術システムがその人の嗜好を学習して最適化の精度を上げていく。

経営情報の分野で「文脈」の重要性が認識され始めた背景には、ＩＣＴ４Ｄ（ICT for Development）と呼ばれる研究領域での議論がある。発展途上国におけるテクノロジー活用について、これまで多くのケーススタディがなされてきた。結果として、技術の提供側（多くの場合先進国）の論理だけでシステムを導入しようとしても、受給側（途上国）には根付かないという結論が示されている。

筆者が以前働いていた大学の同僚がネパール人で、国連の支援でネパールの小学校にパソコンを導入しようとしたがうまくいかなかった、という話をしてくれたことがある。パソコンの使い方を教えるスタッフが現地に入ってどれだけ使い方を教えたとしても、パソコンを使う生徒がパソコンに興味を持ち日常の一部として受け入れなければ、持続的には使われない。導入支援チームが現地を離れた時点でパソコンは教室の隅っこに追いやられてしまう。同じような例は世界各地で報告されている。

もちろん、人々に広く受け入れられて生活の一部となったテクノロジーもある。その代表は携帯電話やスマートフォンだ。アフリカのルワンダでは、世界銀行とルワンダ政府が協力して、携帯電話のテキストメッセージで農作物の市場価格を生産者に直接知らせる仕組みを作ったことで、労働人口の75％に当たる農業従事者の間で生活に欠かせないツールとなった。このほか現金を持ち歩くことが危険な世界の多くの国々で、日本よりも早くモバイルバンキングやキャッシュレス決済などの新しいデジタルサービスが普及している。

ソシオテクニカル経営では、社会変化のスピードに機動的に対応するとともに、多様化する社会システムのニーズにも応えていきたい。そのために必要なのが「文脈」への〝最適化〟である。システムを機動的に組み合わせて、ユーザーに近いフロント部分の可変性を高めたい。ユーザーや特定地域・組織の「文脈」に合わせて、サービスや情報をパーソナライズしていくことで、多様なニーズに応えるデジタル活用を実現したい。

2 DX時代のビジネスの創り方

社会システムの観点から見たソシオテクニカル経営のポイントをより具体的に理解してもらうため、ここからは企業の実践例を紹介する。社会システムには人間が社会生活をより良くするために設計してきた様々な人工物（制度や組織のルールなど）が含まれ、カバーする領域は広い。本章で焦点を当てるのは組織と価値創造の仕組みである。

ケース① サイバーエージェント

技術力を高め他社と差別化

2021年10月、「新しい力とインターネットで日本の閉塞感を打破する」とのパーパスを掲げたサイバーエージェント。[2] 1998年の創業以降、インターネット広告事業、メディア事業、ゲーム事業を収益の柱として継続的な発展を遂げてきた。近年はAI技術への投資や行政分野など様々な領域におけるデジタルトランスフォーメーションの推進に力を入れている。
　１００を超える子会社（うち２０２１年の設立／取得は6社、合併／撤退は8社）を擁し、２０２１年の連結売上高は６６００億円、営業利益は１０００億円を超えた。役員含めた社員数はおよそ６０００人。その43％をエンジニアやクリエーターが占めている。２０１１年に７６４人（全社員の36％）だったエンジニアやクリエーターは、10年間で２５４９人となった。[3]

　同社は、２００４年に立ち上げたメディア事業のアメーバブログ（現在のＡｍｅｂａ）の刷新を行った２００７年ころから、それまでの営業中心の経営から技術中心の経営方針を強めていくことになる。２００８年の日本におけるｉＰｈｏｎｅ発売をきっかけとして、２０１０年ころから各事業におけるスマートフォンへのシフトに力を入れ始めた。スマートフォンのアプリを内製化するため、技術者の採用にそれまで以上に注力するようになった。２０１０年のスマートフォン普及率は９・７％（ガラケーと呼ばれた携帯電話の普及率は90％超え）だったので、先見性の高さがうかがえる。

　２０１１年にはMedia Data Tech Studio（通称秋葉原ラボ）を秋葉原に開設して、自社メディアから得られるデータを分析し、サイバーエージェントが提供する様々なインターネットサービスの基礎となる研究を開始した。２０１６年には、ＡＩ技術の研究開発を目的とするＡＩ Ｌａｂを設立。研究基盤の拡充と、技術者を受け入れる環境の整備が進んでいる。大学との共同研究や学会での発表、論文執筆などの学術活動にも積極的に取り組んでいる。

　単に技術研究を行うだけではなく、ビジネスの現場で活かせる基礎研究に注力しているのが特徴だ。

インターネット広告事業では、広告クリエイティブのアルゴリズム研究の結果を活用して、より広告効果の高いサービスの提供に活かしている。同社の高い技術力は、競合他社との差別化として、また会社の競争力の源としての役割を果たしている。

実行力と機動力を支える「あした会議」

創業から20年以上、サイバーエージェントの持続的な成長を支えているのは、新事業の創出力だ。2010年前後から加速させてきた、システムやオンラインサービスの内製化を可能とする社内の人員体制も大きな武器となっている。会社が大きくなるにつれてどうしてもコミュニケーションの課題が顕著になるが、サイバーエージェントが時代に合わせた機動力を維持することができているのは、「あした会議」の存在が大きい。

あした会議は、2006年に始まったサイバーエージェントのあした（未来）につながる新規事業や課題解決の方法を提案、決議する会議である。開催頻度は年に1～2回で、新型コロナ以前は合宿形式で、新型コロナ以降はオンライン形式で行われている（図3－1）。1人の役員が社内から部署横

2　同社上級執行役員の小池英二氏、インターネット広告事業本部デジタル・ガバメント推進室長兼AI事業本部DX本部 GovTech 開発センター長の淵之上弘氏、常務執行役員技術担当の長瀬慶重氏に取材への協力、また関連資料を提供いただいた。

3　CyberAgentWay2021　統合報告書、2021年12月より。

図3-1　あした会議の様子

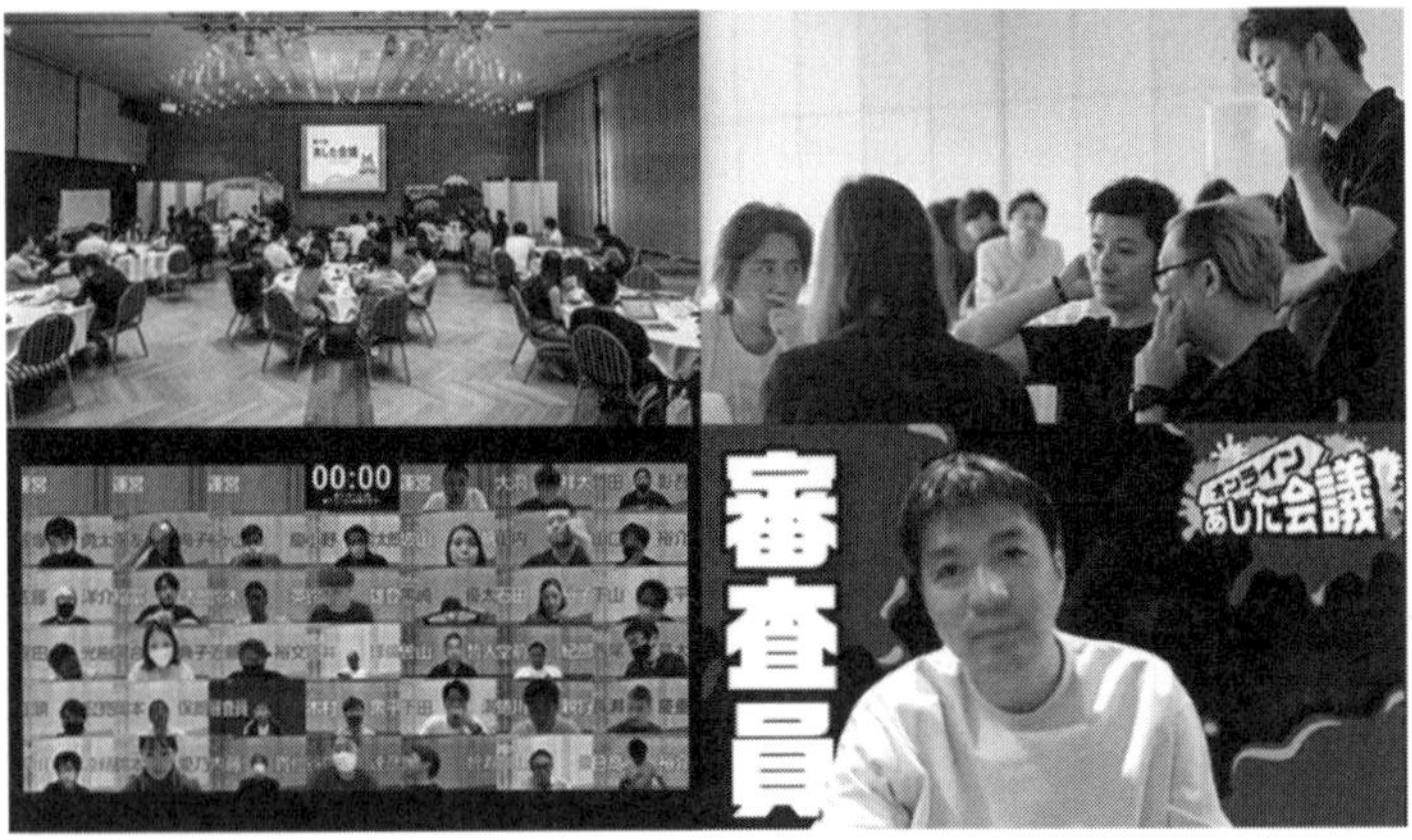

出所：サイバーエージェント公式オウンドメディア[4]

断的に4名を選抜し、チームで事業アイデアを出し合う。良いアイデアはその場で事業化の決議が下される。

あした会議に参加するチームは会議の3週間ほど前に結成され、1チームにつき2案を提出する。会議当日のプレゼンを代表取締役の藤田晋氏が採点し、フィードバックを踏まえて提案にブラッシュアップを加え、基準の点数を超えれば事業化する。事業化の形態は子会社の設立であったり、社内の新規部署としてスタートしたりと様々である。

これまであした会議から生まれた子会社は、32社にのぼる。これらの子会社が生み出した累計売上額（2021年9月時点）はおよそ3259億円、累計営業利益はおよそ455億円となった。[5] ここから、同社の現在のビジネスの柱となるゲーム事業なども生み出されている。

あした会議に参加する各チームのメンバーには、入社3年目の若手と女性が1人ずつ入るルールとなっている。あした会議への参加は狭き門で、参加したい社員はチームリーダーとなる役員に日ごろ自分を売り込まなければならない。チーム結成から会議本番までの準備期間である3週間は、チームメンバーは週に何度も集まって事業アイデアを練り込むことになる。

社内の横の連携を強め新規事業を創出

インターネット広告事業の責任者である上級執行役員の小池英二氏は、あした会議について「(事業アイデアの提案は）プライドをかけてやっている。普段違う部署の人間と一緒に仕事をやることは少ないので、このような機会で濃い時間を過ごし、他の部署や子会社で日々どういう仕事をしているか、どういう人なのかがお互いに分かることもあした会議のいいところ」と語った。

あした会議で事業アイデアが評価され子会社化が決定し、アイデアを提案した若手メンバーがその子会社の社長に就任することも珍しくはない。全社的なあした会議の成功を受けて、各事業部（メディア事業、広告事業、ゲーム事業）や職種・年代（エンジニア・クリエーターや若手）別のあした会議も開催されるようになった。

4　サイバーエージェントの持続的成長を支える「あした会議」（2022年3月17日)。https://www.cyberagent.co.jp/way/list/detail/id=27411

5　同右

あした会議から生まれた新事業として、例えば２０２０年には社内にデジタル・ガバメント推進室（デジガバ推進室）が、２０２１年には企業向けにデジタルトランスフォーメーション支援を行う子会社のサイバーエージェントＤＸが立ち上がっている。２０２０年に設立されたデジガバ推進室は、２０２０年４月のあした会議で決議された３週間後の４月下旬に立ち上がっており、行動力と迅速性が際立っている。

同年11月に立ち上がった行政向け開発専門組織である GovTech 開発センターにおいて、２０２１年２月に新型コロナワクチン接種の問い合わせや予約に対応するＡＩ自動電話「コロナワクチンＡＩ電話エージェント」の提供を開始した。２０２２年３月には自治体の広報紙のデジタル化の実証実験を行うなど、相次いで新しいサービスを打ち出している。

UI・UX向上による新しい体験価値の提供に最も注力

同社が事業化のプロセスで大切にしているのは、「まず世の中に出す（運用する）」という姿勢と、ＵＩ・ＵＸに注力するカルチャーだ。新規サービスの種を発見したら、小さく素早くＰＯＣ（プルーフ・オブ・コンセプト：概念実証）やプロトタイピング（実証実験）を実施して、世の中の反応を見ることを重視する。

自分たちの一番の強みは、これまでの事業で培い磨いてきたＵＩ・ＵＸの実装であると考えているため、（サービスの種類にもよるが）すべてゼロからサービスを開発するのではなく、世の中にあるもので使えるものは使う。ワクチン接種予約のＡＩ電話にもグーグルが提供する技術要素（音声認識や音声合成などの技術）を活用している。そのうえで、ＵＩ・ＵＸにとにかくこだわり、ＵＸの肝となる部分の開発が想定通りに進まない場合には、サービスそのものの開発を断念することもあるほどである。

２０２１年には、デジタルとリアルのシームレスな連携によるユーザー体験の構築を支援するDX Design 室が設立された。ＵＩ・ＵＸのデザイン、実装、運用までを一貫してサポートするＵＩ・ＵＸの専門組織である。DX Design 室は、ＵＩ・ＵＸを技術やテクノロジーの機能からではなくユーザー視点でデザインすることを重視する。アプリ運用の場面では、カスタマージャーニーマップを用いて、顧客行動や心理を「文脈」として捉え、その一連の体験のなかの「顧客価値」を洞察し、アイデアや戦略を生むための土台としている。

デジタルとリアルのシームレスなユーザー体験の設計において重要な役割を果たすのが、システムの「ヘッドレス化」という考え方だ。同社内では、DX Design 室とほぼ同時期に次世代ヘッドレス開発室が設立されている。

ヘッドレス化とは、ユーザーが接するフロントアプリと、データなどが格納される基幹システムを切り離す手法のこと。フロントアプリの開発に注力することで、背後にある重たい（データやアプリケーションが複雑に絡み合った）システムの改修を行うことなくＵＩ・ＵＸを追求することが可能となった。基幹システム側のデータ（決済情報や会員情報）とフロントアプリは、ＡＰＩ（アプリケーション・プログラミング・インターフェイス：アプリケーション間のインターフェース）でつないでいる。

ヘッドレス化の手法を用いて、ドラッグストアなど協働先の基幹システムの上でサイバーエージェントがフロントアプリを開発している（ドラッグストアなどの小売店と共同でジョイントベンチャーを立ち上げた）。本来、基幹システム側のデータモデルの整備やデータの標準化を進めてからフロントアプリの開発に進むべきところ、そのプロセスを踏んでいるとフロントアプリの開発に何年かかるか分からないため、まず「実装する、動かす」を優先的に実践している。

既存のシステムをうまく活用し、小口でAPIを開発してサービスを立ち上げる。このような実践は、協働相手に対して、デジタルトランスフォーメーションが売上ベースでビジネスに貢献できることを証明する機会にもなっている。

インターネット広告事業本部営業統括の淵之上弘氏は、UI・UXについて最も大切にしている価値観を、「第一にKPIを決めること。何をもってUI・UXが良かったと評価するかの指標になる。第二に、運用や変更をどれだけ柔軟に行うことができるかを、開発の際の目標にしている。まず運用することを一番大切にしながら、ユーザーの反応を見ながら2～4週間程度のペースでUI・UXを変えられるように設計している」と述べた。

UI・UX重視のアーキテクチャ実現のための技術組織マネジメント

社員の4割を占めるエンジニア組織のマネジメントについて、常務執行役員CTOの長瀬慶重氏は「経営サイドにどれだけ選択肢（経営の機会やチャンス）を与えられるかを大切に技術組織のマネジメントを行っている」と答える。同社の高い技術力を支えるキーワードは、オーナーシップカルチャーだ。日本企業に多く見られる外部へのアウトソーシング（委託）を受託する文化ではなく、自分たちで

図3-2　エンジニアの評価制度

「評価制度」は会社のメッセージ

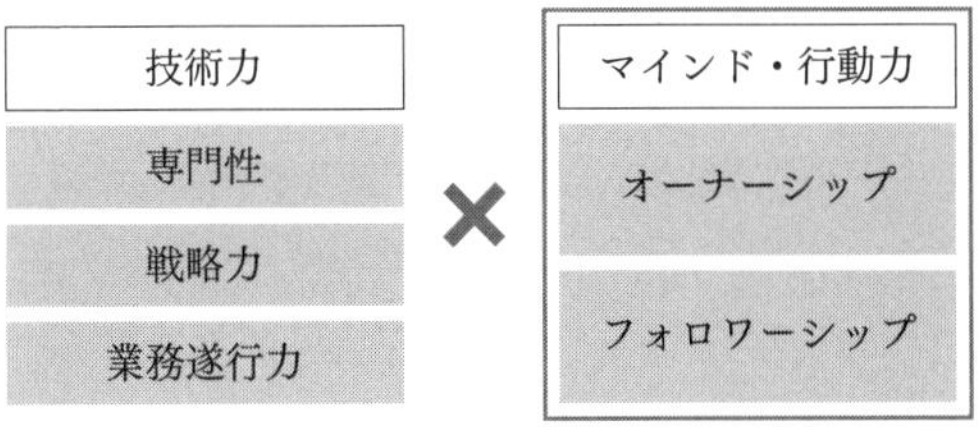

出所：（株）サイバーエージェント

ものを作っていく文化、自分たちがサービス、技術、（共に活動する社内の）チームに対してオーナーシップを持って実際に手足を動かし実装することを重視する。誰かが書いた仕様書に従うのではなく、気になったら自分たちですぐに軌道修正していくことを全社的な考え方としている。

オーナーシップカルチャーそのものは、サイバーエージェントの創業当初から同社に息づいている。エンジニアの数が2000人を超えた組織においても文化として浸透させ続けるための技術組織マネジメントの一環として、2018年からエンジニアの評価制度にオーナーシップとフォロワーシップを導入した（図3－2）。

フォロワーシップとは、誰かがチャレンジしていることに対してフォローできるかという視点だ。主体的・自発的に行動したかどうかを評価するオーナーシップとともに、職能評価として主に若手の育成のために運用している。事業の成功有無は職務評価として、人事のグレードが高くなるほど比重を高くしている。

評価制度を体系化することに加えて、エンジニアがオーナーシップを発揮できるような仕組みやしかけ作りにも注力する。例えば、失敗してもいいからとにかく常に新しいことに自発的に挑戦してもらえるような心理的安全性を確保すること、特に若手のエンジニアに対して機会と裁量の提供を重視している。機会と裁量提供の事例として、入社2～3年目のエンジニアを毎年10名弱選抜し、同社の経営課題を代表の藤田氏とともに1年間ディスカッションする機会を設けている。

日進月歩の技術に合わせたリスキリングの取り組みを2006年から始め、21年には社内にリスキリングセンターを設けた。社内のエンジニアに継続的な勉強の機会を提供し、定期的なジョブチェンジを促している。最近ではデータサイエンスや機械学習などのテーマが、リスキリングセンターで運用されている。

社内にはエンジニアのための求人サイトがあり、エンジニアの職種ごとに様々なプロジェクトへの募集が掲載され、年に2～3回全社的な異動を行っている。社内には社員目線で配属先を相談できる専任のエージェントも配置されており、人材を大切に育成する多様な仕組みが、エンジニアのオーナーシップ精神を育んでいる。

〝事業ファースト〟のテックカンパニーへ

「エンジニアの数が数十人だった当初から2000人を超える組織になっても、多種多様な事業に挑戦し続け、事業あってのエンジニア組織であるという考えに変わりはない」と長瀬氏は語る。事業ファーストで物事を考える組織にしていくためにも、UI・UXを重視した機動力が重要となる。

UI・UXを追求するための取り組みとして、例えばインターネットテレビのABEMAでは、一つのプロダクトに対して年間100から200のモックアップ（試作品）を作る。それも実機（ユーザーが直接使用するスマートフォンなどの画面）で動くモックアップを作り、開発されたUI・UXが本当にユーザー目線に立っているのかをチーム内で何度も確認する。時には社内のビジネスチームやユーザーにもレビューしてもらう。

UI・UX開発の現場で大切にしているのは、アウトプットベースでプロセスを考えること。そのため、モックアップ開発の段階では細かな仕様書は書かず、箇条書きのテキスト（例えば、〝ユーザーがスポーツの試合を視聴中に別のカメラアングルでも試合を楽しむことができる〟、あるいは〝スポーツの試合を視聴しながら出場選手をチェックできる〟といった実装すべき機能）とモックアップによってUXを設計していく。開発チームの中で、最終的なユーザー体験のイメージを密に共有しながら設計を行っている。モックアップの段階で何度も修正を繰り返すことで、機動力を高めている。

通常のソフトウェア開発の手順通り、開発プロセスで仕様書の作成は行うが、一般的なベンダー企業の仕様書の分量と比較すると10分の1程度のボリュームだという。細かなコードに落とす部分は現場の裁量に任せ、仕様書には実現したいことが細かく記述される。

UI・UXから競争優位性を生み出すための取り組みとして長瀬氏は「サービスの提供後いかにアップデートの回数を増やせるかをデリバリー品質と呼んで重視している。加えて、このUXが本当にユーザーに価値のある体験を提供できているのか、定量的な顧客リサーチによって仮説の精度を上げていく必要がある」と語った。UI・UXは一般的な見た目だけでは差別化しにくくなっているため、デリバリー品質と仮説精度の向上を新たな武器として、同社の強みである運用力に磨きをかける。

ケース② セールスフォース・ジャパン

ユーザーやパートナーとウィンウィンの関係を作るエコシステム

セールスフォースは、1999年にアメリカで誕生した顧客管理システムである[6]。この顧客管理システムは、インターネット経由で使えて、ユーザーは毎月の使用料を支払うだけで導入できるという点で新しかった（現在の料金体系は年間支払いとなっている）。いわゆるSaaS（ソフトウェアをサービスのように購入して使うこと）ビジネスの先駆者だ。

創業以来セールスフォースのエコシステムは世界中に広がり、顧客管理システムのシェア世界第1位となった[7]。セールスフォース社の成長を語る際に欠かせないのが、同社が重要視する5つのコアバリュー（価値観）「信頼」「カスタマーサクセス」「イノベーション」「平等」「サステナビリティ」である。

セールスフォースのエコシステムを構築するプレイヤーには、セールスフォース導入時のシステム設定支援などを行う事業者と、セールスフォースの基盤の上でアプリケーションを開発したり、連携サービスを構築して販売する事業者がいる。これらの事業者はパートナーと呼ばれている。

セールスフォースをビジネスの現場で使うユーザーもエコシステムの大切な一員である。同社が企業の価値観として掲げる「カスタマーサクセス」を体現するためにも、セールスフォースを導入したユーザーの成功と、彼らのフィードバックを重視している。

セールスフォース社では、企業のデジタルトランスフォーメーションを支え、革新に挑戦する人々をトレイルブレイザー（先駆者）と呼んでいる。表彰プログラムやイベントでの事例発表などを通じてトレイルブレイザーとのエンゲージメントを高めている。

ユーザーからの意見を製品に取り入れる仕組みとして、２００６年からアイデアエクスチェンジ(IdeaExchange)と呼ばれるプラットフォームを運営している。これは、セールスフォースの新機能に対する評価や追加機能の要望に関して、ユーザー同士あるいはセールスフォース社のスタッフとのやり取りが可能な掲示板のような仕組み。アイデアエクスチェンジに寄せられた機能要求やコメントは

6　セールスフォースは製品名でもあり、社名にも使われている。社名は、グローバルではセールスフォース、日本法人はセールスフォース・ジャパン。本文中では製品を示すときにはセールスフォース、会社を表すときにはセールスフォース社と表記する。同社アライアンス事業統括本部 統括本部長の浦野敦資氏、タブロー事業を統括する佐藤豊氏、エンタープライズ営業第一統括本部 統括本部長の笹俊文氏、ソリューション・エンジニアリング統括本部 統括本部長の森田青志氏、セキュリティ・シニア・マネージャーの成田氏、セキュリティ・スペシャリストの内田氏に取材への協力、また関連資料を提供いただいた。

7　ＩＤＣの Worldwide Semiannual Software Tracker 調査（２０２１年10月）より。

図3-3　セールスフォース社が提供するアップエクスチェンジ

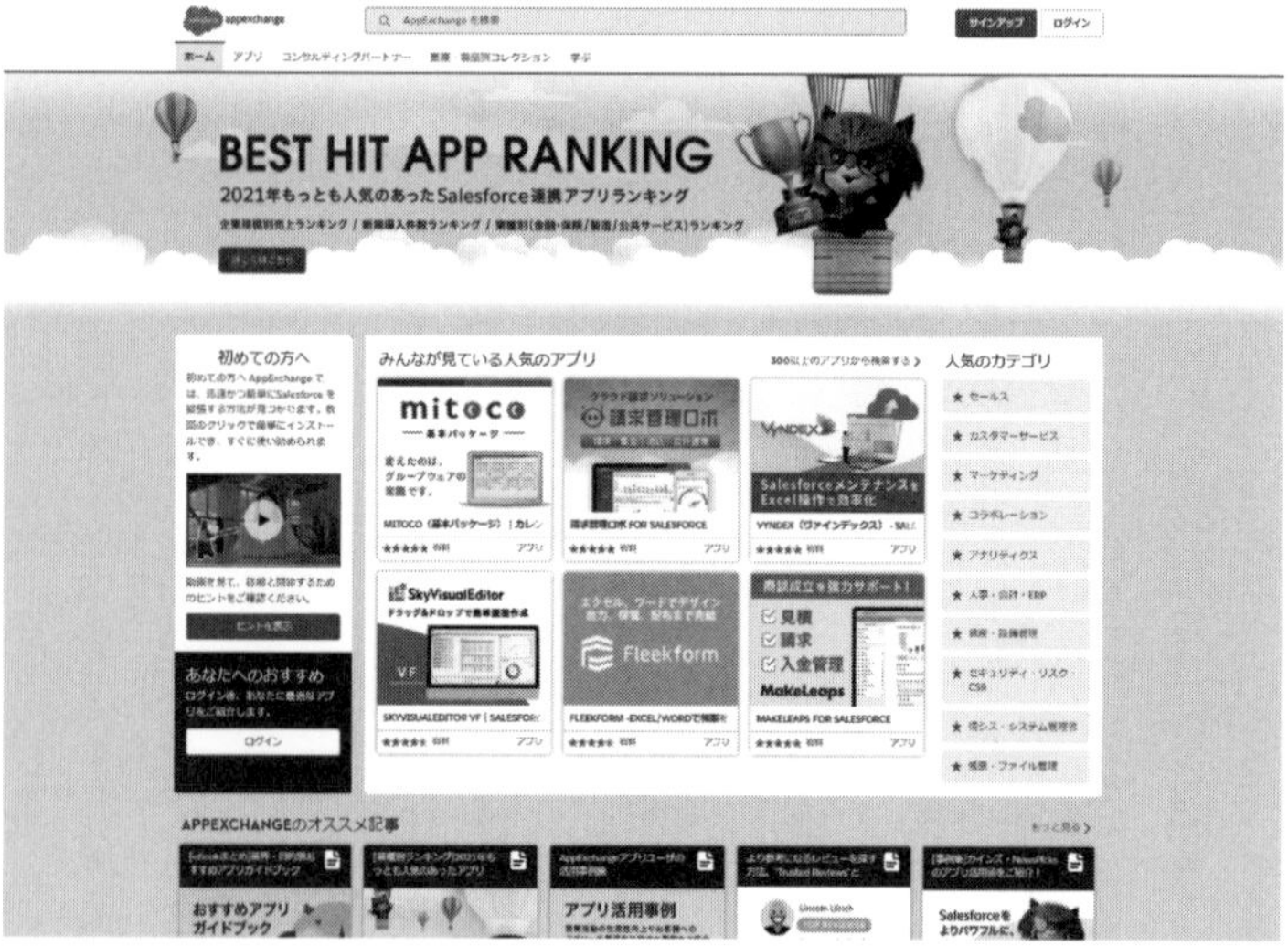

出所：アップエクスチェンジのホームページ

検討・議論され、採用案件はセールスフォース社が年3回行うアップデートの際に機能として実装される。

みんなで育てるエコシステム

アプリケーションを提供するパートナーの事業者は、アップエクスチェンジ（AppExchange）と呼ばれるアプリケーションのマーケットプレイス上で自社のサービスを提供する（図3−3）。アップエクスチェンジは、皆さんがお持ちのスマートフォン上で新しいアプリを探す時に使うアップストアやグーグルストアと同じ仕組みと考えていただいていい。

アップエクスチェンジ上でアプリケーションの売買が成立すると、一定のパーセントがセールスフォース社に入るレベニューシェアモデルを採用している。セールスフォースで提供していない機能はパートナーとの協働で補うことで、セールスフォースに関連するビジネスエコシステムを作り上げている。

アップエクスチェンジ以外にも、ユーザー企業に対してセールスフォースの導入支援を担うパートナーの事業者は、2026年までにセールスフォースが日本で創出する収益1ドルに対して6・5ドルの収益を得ると言われており、エコシステムが広がるにつれてパートナーの経済的なベネフィットもスケールしていくことになる。

アライアンス事業統括本部統括本部長の浦野敦資氏は、同社のエコシステムが拡大している背景について「仮説としては、ビジネスプロセスが複雑化していることだと考えている。例えば営業部門だけのデジタル化よりも、マーケティング部門や他の関連部門も一緒になってビジネスプロセスを変革していくことで、デジタルへの投資に対するリターンを最大化することができる」と述べた。

例えば、セールスフォースを導入した荏原製作所では、組織が大きくなるにつれて営業担当の生産性が落ちていたところ、セールスフォースの仕組みに合わせて関連する現場の業務プロセスを変えたことで生産性の向上につなげている。

トレイルブレイザーをはじめ、同社が展開する様々なコミュニティの仕組みがユーザーとのエンゲージメント醸成に寄与していることについて、「みんなでセールスフォースを育てているという感覚があるのだと思う。多くの方が賛同したアイデアについては機能に盛り込むなど、企業としていただいた意見に応えて（行動につなげて）いくことが重要」と語る。

図3-4　タブローの操作画面

出所：（株）セールスフォース・ジャパン

組織の機動力を高める〝データの民主化〟

消費者とのエンゲージメントを高め、個別最適化されたサービス提供のためにはユーザーについての詳細な理解が必要となる。ユーザーの文脈を理解するためのデータ活用をより身近に行うためのＢＩ（ビジネスインテリジェンス：データ収集、分析、報告を行うこと）ツールとして、セールスフォース社は２０１９年にソフトウェア会社のタブロー（Tableau）を買収した。タブローは、直感的なデータのビジュアライゼーション（可視化）を得意とするＢＩツールである（図３－４）。

従来、日本企業におけるデータ分析業務はＩＴ部門が担うことが多かったが、必ずしもビジネスニーズやビジネス上のゴールに紐づいた分析になっているわけではなかった。データ分析とレポート業務を外部のコンサル企業に外注するケースも多い。

タブローは、〝データの民主化〟をスローガンに、ビジネス部門が自分たちでデータを分析し、ファクトにもとづいたＫＰＩを設定して経営上の意思決定を行うことをサポートする。データ分析をゴールとするのではなく、ビジネスのゴールを達成するためにはどのようにデータを使えばよいのか、という思考の切り替えとビジネスプロセスの変革を後押しする。

複雑系の時代には、今までの経験値が答えを導き出してくれるとは限らない。意思決定の拠り所も、感覚や経験値からよりリアルタイムに近いデータに変わっていく。タブロー事業総括カントリーマネージャーの佐藤豊氏は「テクノロジーの役割は、より簡単に、直感的にデータを扱うことのできる環境を提供すること。データ分析の裾野を広げること。人々が新しいテクノロジーを使うスキルを身に付けた時、企業のビジネス業域が変わってくる」と語る。

タブローのようなＢＩツールの登場によって、ＩＴ部門のスタッフやデータサイエンティスト、統計学者だけがデータ分析を行う世界ではなく、様々な人が自分でデータを見ながらビジネスのストーリーを作る、データからインサイトを得るなど、誰でもデータから恩恵を受けられるようになる。

データカルチャーを全社に広げる

タブローは、〝意思決定を改善するためにデータを使用することを重視し、実践し、推進する人々の行動や信念全体〟をデータカルチャーと称し、ＢＩツールを通じたデータの民主化に取り組んでいる。

タブローの調査によると、データ分析を社内の一部門のみで行っている組織よりも全社的な取組みに据えている組織の方が、顧客満足度・サービス提供のスピード・社員の満足度・財務改善の数値が高いことが分かっている。そうは言っても、これまでデータ分析を行ったことのない人に突然データからインサイトを抽出してもらう、あるいはストーリーを紡ぎ出してもらうことは難しい。

佐藤氏は、これまでIT部門が中心的な役割を担っていたデータ分析とレポート業務をどのようにIT部門外に広げていくのかについて「誰でもデータにアクセスできる基盤の整備、データの質の管理、人材育成への取り組みが重要。自分の信念に沿うような目的を作り、データを使うことが大切。何かをしたい、何かを変えたいという目的意識と好奇心、想像力を持って行動変容を起こすことが重要」と述べた。

データカルチャーを根付かせるためのリスキリングでは、データリテラシーの基本的なトレーニングに加えて、データを何に使うのかについてビジネスゴールから逆算してデータ分析の目的を定義すること、ビジネス上の課題を設定する能力、課題をベースに問題解決を実践するデザイン思考の考え方を身に付けることを重要視している。

データの民主化を成功させるためのルールやガバナンスづくりの観点からは、トップのコミットメント、リスキリングの成果を人事評価につなげること、社内のコミュニティ形成が大切な要素となる。例えば、ドコモではアンバサダー、楽天ではデータセイバーという称号を用いて、リスキリングの結果としてある一定のレベルを達成した人たちのコミュニティを作っている。

九州で展開するホームセンターのGooDayでは、柳瀬隆志社長がデータカルチャーの旗振り役となっている。同社は各店舗で売れている／売れていない商品について、現場社員の感覚ではなくデータで把握し共有することで、商品の配置など店舗の改善策につながる議論ができるようになった。コロナ禍での営業方針の決定（店舗を休業せず、来客の分散化を狙った）もデータにもとづいており、好業績を維持している。

パーソナライズをいち早く見据えたデジタルマーケティング

タブローの買収からさかのぼること5年前の2014年、セールスフォース社は日本におけるデジタルマーケティングの担当部門を立ち上げた。BtoB企業との取り引きがメインだった同社において、BtoC企業を対象とした初めてのビジネスユニットとなった。

デジタルマーケティングビジネスユニットに立ち上げから関わる、エンタープライズ営業第一統括本部統括本部長の笹俊文氏は、「BtoC業界におけるデジタルマーケティングの波が来たのが2014年。one to one マーケティングがキーワードだった」と当時を振り返る。

少子高齢化が顕在化した2000年代の後半から、マーケティングの方向性はマスを対象とした商品開発・製造・販売モデルから、既存の顧客との息の長い関係性の構築にシフトしてきた。加えて、スマートフォンの普及によって一人ひとりが何らかのデバイスを保有する時代となり、マスマーケティングから、ユーザー一人ひとりへのアプローチを志向する one to one マーケティングが可能な環境となった。

顧客との長期的な関係構築への関心が高まり消費者のデジタル化が進んだことで、それまで性別や年代で分けていたマーケティングの手法から、より多様な消費者、一人ひとりの趣味嗜好をいかに企業として捉えてアプローチしていくかという経営課題に取り組むことが可能となった。

そこで重要になったのが、消費者との信頼関係だ。笹氏は「個人情報保護の観点から、消費者のウェブサイト閲覧履歴やログイン情報をマーケティングに活用することが難しくなっており、企業と消費者間の同意を前提とした信頼関係にもとづいたマーケティングが重要になってきた。信頼構築につなげるUXやCXの提供が鍵となっている」と語る。

商品の購入前・購入中だけでなく、購入した後に消費者がいかに心地良いと感じるか、商品が好きだと思ってもらえるかが重要であり、そうでなければ長期にわたる関係性や信頼関係は築けない。CX向上のキーワードとなるのがパーソナライズ化であり、一貫した顧客体験をプロデュースするカスタマージャーニーの構築だ。

デジタルマーケティングにおけるパーソナライズ化として、例えば一眼レフカメラを購入した後、購入者がどの程度一眼レフに慣れ親しんでいるか（以前買ったことがあるのか、初めて使うのか）によって、必要な知識を提供する。一眼レフカメラを使い慣れた消費者に対しては、全国的なイベントの時期（例えば体育祭など）に、リアルタイムの気象情報と併せて、曇りの地域では曇り時に一番望ましい絞り方、晴れの地域では逆光を抑える絞り方などを、ユーザーの状況に応じてタイミングを計りながら情報提供するイメージとなる。

長期的な信頼関係をサポートする組織体制が必要

このように、消費者一人ひとりが商品やサービスとどのようなタッチポイント（接点）でつながるのか、どのようなシーンで利用するのかをユーザー目線で考えることをサポートするのが、カスタマージャーニーの役割である。

従来のマーケティングは、いかに商品を買ってもらうかに注力（どちらかというとプロダクトアウト）していたが、今日のデジタル社会では、消費者との長期的な関係性の構築を目的とした、カスタマーエンゲージメントを推進できるような組織体制や組織文化を創ることが求められている。

笹氏は「長く消費者と付き合うことを前提にビジネスプロセスを組み立てる部門が日本企業には少ない。マーケティングはプロダクトを売ることが目的で、売った後の窓口はお客様相談室になることが多い」と述べている。

カスタマーエンゲージメントをデザインする組織文化には、リアルタイムデータの活用も含まれる。IT部門に消費者データの抽出や分析をお願いして、数日かかってやっと結果を入手できたとしても、データそのものが古くなっておりタイミングを見計らったパーソナライズサービスの提供には使えない。今後、タブローの目指すデータの民主化が、パーソナライズサービスの提供やカスタマーエンゲージメントのデザインに貢献することになるだろう。

デジタルを活用したマーケティングに成功している企業の共通点として、笹氏は「トライ&エラーを積極的に実践している企業は、次の世界への扉をうまく開いていると思う。カスタマーエンゲージメントの実践においても、デジタル上であれば、消費者が本当に喜んでくれるかどうかを確認しながら走ることができる。消費者の反応を見ながらトライを続けている企業は前に進んでいる」と語った。

自らの変革をサポートするエコシステムの形

新しい事業を創り出す力と機動的な運用力を武器に、ビジネス展開を続けるサイバーエージェントと、企業のデジタルトランスフォーメーションを側面から支援するセールスフォース・ジャパン。異なる2つの事例をご覧いただいたが、ソシオテクニカル経営の観点から見ると共通するいくつかの取り組みがある。

デザインプリンシプルに沿って簡単に整理してみると、エコシステムに関してはいずれの事例でも社内外のエコシステム形成に力を入れている。サイバーエージェントで長く続くあした会議は、子会社を含めたグループ全体の横のつながりを強化して、同社の強みである周辺環境の変化に迅速に機動的に対応する実行力を支える起点となっている。

セールスフォース社では、パートナーと呼ばれる事業者とのエコシステムを作り上げている。アプリケーションの売買を行うマーケットでは、レベニューシェアモデルを採用して果実を分配している。また、カスタマーサクセスを企業価値の一つに掲げ、セールスフォースのユーザーやパートナー企業の成功は自分たちの成功と定義して、ユーザーが成功体験を共有するコミュニティ作りに注力する。

これはユーザーとのエンゲージメントを高めることにもつながっており、製品を共に〝育てる〟という意識がコミュニティにエネルギーを与え、形式的なもので終わらせないムードを作り出している。

製品のアップデートの際にユーザーの声を取り入れることにも積極的で、そのためのプラットフォームを用意している。古くはエリック・フォン・ヒッペルが説いた、ユーザーがイノベーションの一翼を担っているというイノベーションの民主化が[8]、ユーザーとのエンゲージメントにつながっていることが分かる。

価値創造はユーザーの文脈に沿ったサービス提供から

新しい体験価値の提供という観点では、サイバーエージェントが競争力の源と位置づけるUI・UXがキーワードとなる。同社では、UI・UXを追求するためにまずサービスを運用させることを大切に、ユーザーの反応を見ながら臨機応変に修正を加えていくことを重視する。迅速なUI・UX開発のために、他社が提供する部品で使えるものは使う（フルーガルの考え方）。

このようなUI・UXの考え方を発展させたところにCXがあり、サービスや情報の個別最適化やパーソナライズにつながる。UI・UXが特定のサービスのインターフェースとの接点をカバーするのに対して、CXではユーザーを起点としたあらゆる情報やサービスとのタッチポイントを把握し、デザインしていくことになる。カスタマージャーニーを作成して一人ひとりの消費者に対して個別最適化された新しい体験の価値の創造を図っていくことが、パーソナライズサービスの提供につながる。

ユーザーの文脈に沿ったサービスの提供においては、サイバーエージェントが採用するヘッドレス

8 Von Hippel, E. (2006). *Democratizing innovation.* MIT Press. 日本語訳は『民主化するイノベーションの時代』ファーストプレス。

化や、タブローが提唱するデータの民主化の考え方をうまく取り入れ実践していきたい。パーソナライズサービスの実現にはリアルタイムデータの分析が不可欠であり（一眼レフカメラの例）、従来のようにデータ分析を外部や社内の他部門に任せていては、機動的なサービスの提供は難しいことを肝に銘じておきたい。

いずれの企業の事例からも、デジタル化の果実を最大限にするための組織マネジメントや文化の醸成が重要なことが分かる。サイバーエージェントは、技術システムの内製化とオーナーシップカルチャーを実現するためにエンジニアの採用を進め、技術組織のマネジメントの形を15年かけて作り上げてきた。評価制度やＫＰＩ設定のノウハウは一朝一夕で成熟するものではなく、変化の速い技術の世界でも軸をぶらさず様々な試行錯誤を続けてきた結果でもある。

セールスフォースを導入した企業でも、一部門のみのデジタル化ではなく、部門間のシームレスな連携を実現した組織がデジタル化の恩恵を受けている。消費者を起点としたパーソナライズサービスを提供するための組織体制の構築についても、改めて考える価値があるだろう。

次節では、ソシオテクニカル経営の社会的要件をサポートする組織文化について、海外の先行研究を踏まえながらもう少し理解を深めてみたい。

3　DX時代の組織文化

自分たちの文脈を理解し変革する

ソシオテクニカル経営のデザインプリンシプルの3つ目「情報とサービスの個別最適化を図る（文脈化）」にある文脈化は、デジタルサービスを使う人やコミュニティ、企業にとってはユーザーが持つ個別の文脈（コンテクスト）を理解し、それぞれの文脈に応じた情報システムの設計を目指す考え方だ。消費者にパーソナルな価値体験を提供するためには、組織マネジメントの方法を考え直す必要がある。

組織の中で脈々と受け継がれてきた考え方、行動規範、ルールやインセンティブなど、明文化されていないものも多いが、ここでは文化と総称して組織文化について掘り下げてみる。これらは暗黙知あるいは組織資本[9]とも呼ばれる。日本企業は共同体の意識が強く、組織文化が組織の構造やビジネスモデルに与える影響が大きい。

9　Sakurai, M., Watson, R. T., & Kokuryo, J. (2016). How do organizational processes recover following a disaster? - A capital resiliency model for disaster preparedness -. *The proceedings of the 49th Hawaii International Conference on System Sciences*, Kauai, Hawaii.

現在の組織文化がネットワーク革命よりも前に形成された企業であれば、その文化は工業パラダイムの影響を強く受けている。つまり、管理やコントロールに一番のエネルギーを注ぐ文化だ。こうした文化は内向き体制になりやすく、結果としてデジタルトランスフォーメーションの推進ハードルが高くなっていると言えるかもしれない。

DX時代に求められる組織文化を理解し、もし自分たちの組織が工業パラダイムの考え方を踏襲していて、組織体系もそれに沿った形になっていると気づいたら、自らを変革させる勇気を持たなければならない。

アメリカの企業に勤める計1万6000人以上の人々を2015年から4年間にわたり調査した研究[10]では、「デジタル環境と従来のビジネス環境で最も違うことは何か?」という質問に対し、回答者の23%が「変化の度合い」「ビジネスのスピード」と答えた。この調査には、毎年およそ3700人から4800人が参加した。

「変化の度合い」「ビジネスのスピード」に次いで多かった回答は「文化やマインドセット（創造性、学び、リスク許容度、協働）」となった（19%）。回答者自身の勤める企業がデジタル化に成熟しているかどうかを10段階で評価してもらう質問では、業種ごとの違いが顕著に出る結果となった。最も成熟度が高いと答えたのは、IT企業、次いで通信、エンタメ・メディア、交通・観光の各分野だった。最も成熟度が低いと答えたのは建設・不動産、公共セクター、製造業、ヘルスケアだった。

この質問でデジタル成熟度の指標として使われたのは、デジタルテクノロジーの活用が消費者やパートナー企業にプラスの影響を与えているか、従業員同士がより良く働くことに貢献しているか（従業員満足度）、社内のデジタル戦略、変革（トランスフォーメーション）戦略、上層部がテクノロジー活用を推進しているか、リーダーが必要なスキルを有しているか、自身のスキルを向上させる機会があるかどうか、というものである。

文化の観点からこの調査結果を掘り下げると、機動力（アジリティ）、リスク許容度、意思決定、組織構造、ワークスタイルといった組織文化を表す各項目に対して、先の質問で自身が勤める企業のデジタル成熟度が高いと答えた人と、低いと答えた人の回答に明確な差が出たことが興味深い。

デジタル成熟度が高いと答えた人が所属する企業の文化的な特徴は、機動力＝高い（行動が早い）、リスク許容度＝高い（探索的）、意思決定＝データドリブン、組織構造＝分散、ワークスタイル＝協働だった一方で、成熟度が低いと答えた人が所属する企業では、機動力＝遅い（慎重）、リスク許容度＝低い（慎重・リスクを嫌う）、意思決定＝感覚的、組織構造＝垂直、ワークスタイル＝独立・サイロという結果だった（図3－5）。

日本企業の機動力が低いことは、第2章で紹介したIMDのデジタル競争力ランキングでも指摘されている。デジタルトランスフォーメーションの議論が一般的になった2020年前後からは、日本の組織のリスク許容度の低さがデジタルトランスフォーメーションを実行するうえでの課題として議論されることも多くなった。意思決定がエビデンス（データ）にもとづいているか、それとも意思決定者の感覚や経験則に委ねているかという違いも興味深い。日本でも最近はエビデンス・ベースド・マ

図3-5　組織文化とデジタル成熟度

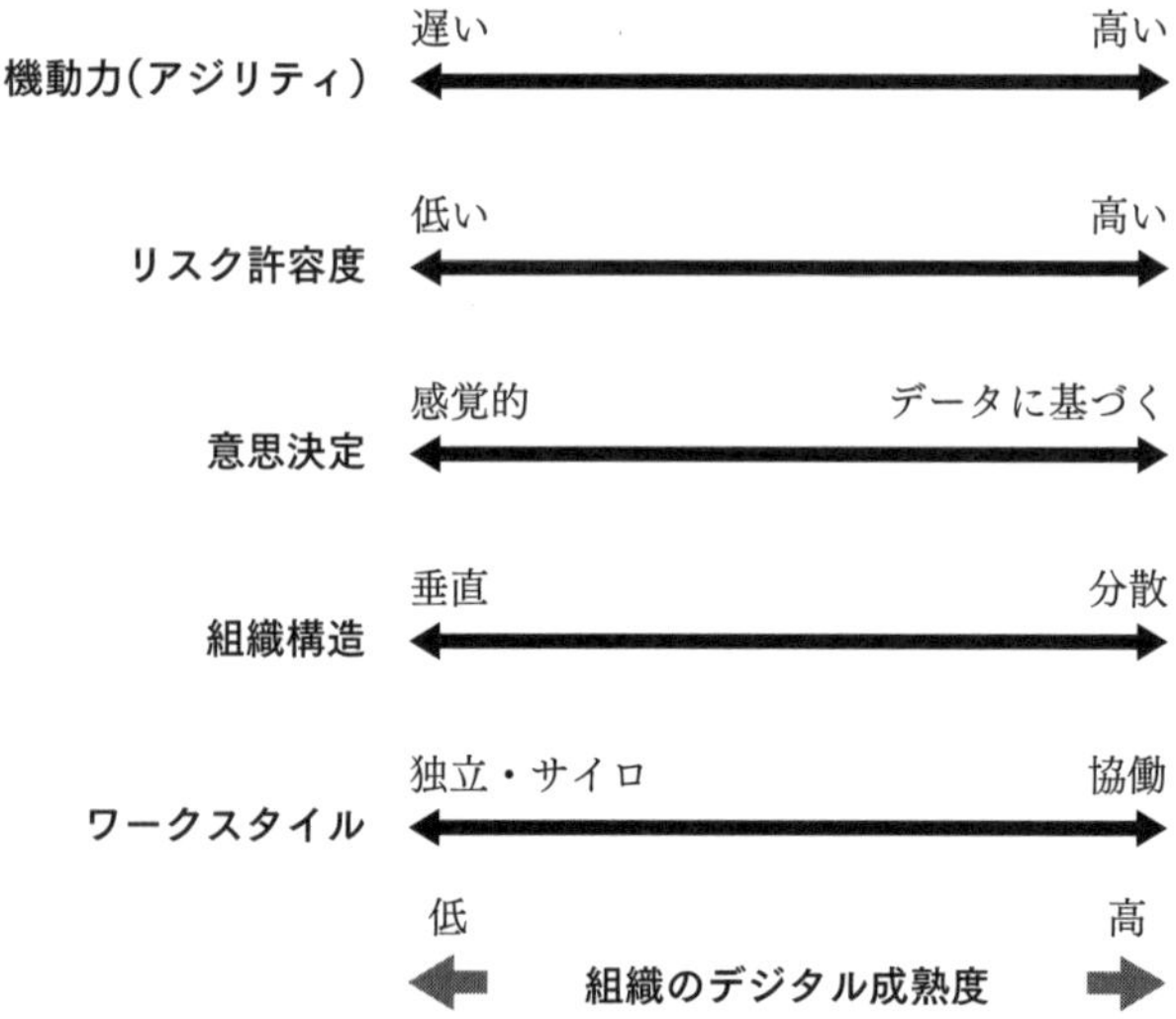

出所：Kane et al. (2019), p.162[10]をもとに筆者作成

ネジメントの考え方が実践され始めている。経営者の感覚や経験に加えて、データで客観的に物事を理解する意識を持つようにしたい。

組織構造の垂直／分散については、第1章で紹介したITガバナンスの変化（機能別から連携型へ）の議論を踏まえると納得感がある。この観点からは、ソシオテクニカルの概念が登場したイギリスの炭鉱の話も想起できる。機械化によって労働者の働き方がサイロ化して外部のコントロールが強まったのか、それとも自律的なつながりの小さなコミュニティの中でお互いの作業に目配せをしていたのか。この労働スタイルの違いが、労働者の士気や生産性に影響を及ぼしていた。

ビジョン力（構想力）、寛容力、情報システムの理解力が重要

2021年の秋に、日本の組織におけるデジタル化、特にアメリカでは成熟度が低い産業として位置づけられていた公共セクターの組織文化について、今後どのような対策が必要か調査した。[11] 調査設計においては、先に紹介したアメリカにおける組織とデジタル化に関する調査を参考にした。調査対象は日本の自治体である。結果は自治体組織にとどまらず、広く企業一般の組織文化に通じるものが多かった。

組織のリーダー（経営トップ層含む）が率先してDX時代に即した文化を創るためには、ビジョン力、寛容力、情報システムの理解力の3つの〝力〟が重要になる（図3－6）。ビジョン力とは本書の問題意識でもある「デジタルを使って何をするのか」を構想する力のことで、経営トップやリーダーに限らず一人ひとりが持つべき能力であるが、経営トップの力強いメッセージが、現場のモチベーションを想像以上に向上させる力があることを強調しておきたい。

ヒアリングをしていて興味深かったのは、回答者が「失敗」という言葉を多く使っていたことだ。

---

10 Kane, G. C., Phillips, A. N., Copulsky, J. R., & Andrus, G. R. (2019). *The Technology Fallacy: How People Are the Real Key to Digital Transformation*. MIT Press.

11 （株）セールスフォース・ジャパン、国際大学グローバル・コミュニケーション・センターの共同研究「自治体DX調査」。全国16自治体計31名（CIO、CIO補佐、スマートシティ・DX・IT推進などの担当職員）に対し、18セットのヒアリングを行った（2021年10～12月実施）。

図3-6　DX時代の組織リーダーに必要な3つの力

①デジタルを使って行きつく先を示す**ビジョン力（構想力）**
②失敗を許す**寛容力**
③情報システムの基礎的な仕組みや、デジタル化の取り組みに対する**理解力**

図3－7はヒアリング中、組織文化について回答者が話している時に多く発言された単語（類義語を含む）のワードクラウドである。大きい単語ほど発言回数が多かったものだ。一番大きく表示されている「取る」というワードは、取り組み、取り組みやすい、取り入れる、取り入れたいなどの内容を、「新しい」は新しいこと、新しい働き方、新しいプロジェクト、新しい話などについて、「失敗」は失敗を許容、失敗してもいい、失敗したことを、失敗してきているといった文脈で言及されていた。

「失敗」という言葉に加えて、「相談」「雰囲気」「挑戦」などの目に見えない空気感を表現するワードも多かった。以上の結果から、リーダーに求められる2つ目の力は、失敗を許す寛容力となる。日本企業は失敗を許容する文化が浸透しにくいということは多くの方が実感しているところだろう。

失敗を次につなげるための評価制度を作りたい

よく海外のIT企業と比較されるのもこの点で、失敗を将来の成長の糧にできるかどうか、成長プロセスの一環として捉えられるかどうかが、アジャイルなビジネスの実践には欠かせない要素となる。[12] 前述した企業事例の中でも、トライ&エラーを積極的に行っている企業はデジタル化の波に乗れてい

図3-7　組織文化に関するワードクラウド

注：文字が大きな単語ほど多く発言されたもの
出所：「自治体DX調査」

るという示唆があった。

失敗を許容することが大切だと分かったとしても、許容する文化の醸成には時間がかかると考えられるので、まずは（職場の小さなグループ単位でも）相談しやすい雰囲気づくり、何を失敗と捉えるのか、失敗した後のフィードバックをどうすることで次につなげるのかについての話し合いなど、小さな取り組みから始めたい。最終的には、その失敗が何につながったのか、という視点でうまくいかなかったことを評価できるような仕組み

12　辻野晃一郎氏の『週刊東洋経済』への寄稿文「日本人が『GAFA人材に勝てない』メンタル5大問題」（2022年2月17日）では、米マイクロソフト社がグロースマインドセットの考え方を導入し、失敗を成長プロセスの一環として捉えたことで低迷していた業績の回復につなげたことなどが紹介されている。

を作りたい。「評価制度は会社のメッセージ」というサイバーエージェントの取り組み（図3－2）をぜひ参考にしていただきたい。

3つ目の力は、デジタルテクノロジーや情報システムが何を得意としているのかについての基本的な知識である。ITは魔法の杖ではないので、得意分野をしっかり理解してその価値を最大化できるように、本書で紹介しているようなソシオテクニカル経営の最低限の知識は持ち合わせておきたい。経営陣がITの基礎的な知識を身に付けることや、日本企業特有の「管理職」（特定の専門領域を持たないマネジャー）を、担当領域のマネジメントのプロに変えることの重要性は、これまでも指摘されている通りである。[13]

外部とのオープンな交流や人脈形成をサポートする環境が鍵

デジタルトランスフォーメーションを推進する組織文化について多くの人が最も重要だと答えたのは、リーダーシップに加えて外部人材との交流（ネットワーク形成を含む）機会だった。

図3－5で示したように、協働やコラボレーションを前提とした働き方と、企業のデジタル成熟度には相関関係があるため、組織内外の人々とのネットワーク形成を安心して行うことのできる環境、具体的にはトップが積極的にネットワーク形成を後押しする環境づくりが求められているようだ。

現場の社員がモチベーションを高く保ちながら新しい取り組みに邁進するためには、ネットワーク構築の環境づくりに加えて、図3－8で示す7つの〝力〟を組織文化とすることが大切である。これ

図3-8　デジタル化の恩恵を受けるため組織として身に付けたい7つの力

①積極的に外の人と会い、話し、相談する**ネットワーク力**
②多様な考えを組織に取り込む（自分たちの論理だけで考えない）**多様性融合力**
③得意領域が異なる人と協働する**チーム力、組織横断力**
④失敗を学びに変え次のステップに活かす**学び力**
⑤相談しやすい雰囲気を創り出す**聞く力**（相談力）
⑥外部組織との**連携力**
⑦物事を**オープン**に**フラット**に考え実践する力

らの観点を評価制度に組み込むなどしていただきたい。

ヒアリングからは、「人と会う、話す、相談する」ことを日常の行動として習慣化している人が多く、結果的に毎日のモチベーションにつながっていることが分かった。この習慣は協働やエコシステム形成の観点から非常に重要だと考えられる。

DX時代には、自分たちが持っていないものを持っている人（や組織）といかに協力できるか、認め合えるか、多様な考え方を組織に取り込めるかが競争力の源になっていく。eメールをベースとした1対1のコミュニケーションから、チャットベースの1対多あるいは多対多のコミュニケーションニーズの高まりも協働の実践を後押ししている。

ヒアリング協力者の中には、日常業務のなかで情報を自分だけに抱え込まない、できるだけチームメンバーと共有することを習慣にしている人も多くいて、情報共有のためのプラットフォームの役割の重要度が増していることを再確認する結果となった。

13　及川卓也『ソフトウェア・ファースト』日経BP、2019年。

ユーザーの多様なニーズや文脈を活かす組織文化

サイバーエージェントとセールスフォース社の事例でもオーナーシップカルチャーやデータカルチャーなど、変化のスピードが速い時代に機動的に適応するための組織文化のヒントが多く言及されていた。

例えばサイバーエージェントでは、ミッションステートメントの中で「挑戦した敗者にはセカンドチャンスを」と謳っている。同社の「まず運用」の精神や、モックアップの段階での徹底改良、ユーザーの反応を見ながらUIの修正をかけていくアジャイルなプロジェクトの進め方は、オーナーシップカルチャーを体現していると言える。

セールスフォース社が買収したタブローでは、データにもとづいた意思決定を組織の信念に据えるデータカルチャーを後押しする。タブローを導入した企業では、トップのコミットメントとデータ活用のリスキリング成果を人事評価につなげることによって、データカルチャーを全社に浸透させていた。

データ分析を社内の特定の人や部署の専売特許にすることなく、すべての社員が自分ごととしてリアルタイムデータを含めたデータの活用を捉えることは、機能別にコントロールされた統合型の組織構造ではなく、自律と連携を前提とした組織への転換の第一歩となるはずだ。

DX時代のソシオテクニカル経営では、ユーザーの多様なニーズをいかに捉えてサービス提供に活かせるかが企業の競争力を左右すると言ってもよい。そのためには、組織側の論理でサービスをデザインするのではなく、ユーザーの目線で、情報やサービスの内容と提供のタイミングをきめ細かに設定していきたい。

ここまで紹介した組織文化の考え方は、エコシステム形成、エンゲージメント醸成、文脈にもとづくパーソナライズサービスの実現に欠かすことができないものであり、文化を根付かせるための人材育成や組織体制の変革を伴う必要があることも念頭に置いておきたい。

第3章のおさらい

◉ソシオテクニカル経営を実現するための社会システム側のデザインプリンシプルは、①エコシステムを作る（協働）、②消費者とのエンゲージメントを高める（体験価値の提供）、③情報とサービスの個別最適化を図る（文脈化）の3点。

◉弱肉強食のエコシステムではなく、エコシステムに関わるプレイヤーがウィンウィンになるような協働の形が重要。エコシステムを新規事業創出のエンジンにしたい。

◉信頼関係をベースとした消費者との長期的な関係性の構築が重要。〝体験〟の持つ価値が向上する。

◉ユーザーの文脈に沿ったパーソナライズサービスが価値の源泉になる。3日前のデータではなく、リアルタイムデータにもとづいたユーザーの文脈をいかにサービスに活用していけるのかが勝負となる。

◉デザインプリンシプルを実行するために組織体制、評価制度、組織文化を抜本的に見直したい。

第4章

ソシオテクニカルシステムのアーキテクチャ

本章では、複雑系の中で個別ニーズに柔軟に応えてウェルビーイングを実現するシステム構築に向けた技術システムの考え方を紹介していきたい。モジュール構造の採用で顧客にカスタマイズしたサービスの弾力提供と、データセントリックによるデータの資源化が大きなテーマとなる。

1 デザインプリンシプル④ モジュール構造で顧客にカスタマイズしたサービスの弾力提供

モジュール化の前提としてのアーキテクチャ

モジュール化は、大きなシステムを互換性の高い部品の組み合わせとして開発する手法のことだ。これによって、多様なシステムを迅速かつ安価に開発できるようになる。モジュール化の流れもシステムの歴史のなかでは、ソフトウェアの時間的・費用的比重の高まりが背景にあると言っていいだろう。

多くのシステムには、共通の業務フローが内包されていることがある。ソフトウェアのプログラムの行数が小さかったころには同じ命令を書く手間も小さかったため、共通の業務フローを各ソフトウェアの内部で再現していた。しかしソフトウェアのサイズが大きくなるにつれて、その方式だと転記作業のコストが過大になってきた。そこで独立した部品の組み合わせのような形式を取るためには能力の高いハードウェアが必要となるのだが、ハードウェアの急激な進化とともに、多少ハードウェア能力を余分に使っても、ソフトウェアをモジュール化する価値の方が大きくなっていった。

図4-1　アーキテクチャの概念[1]

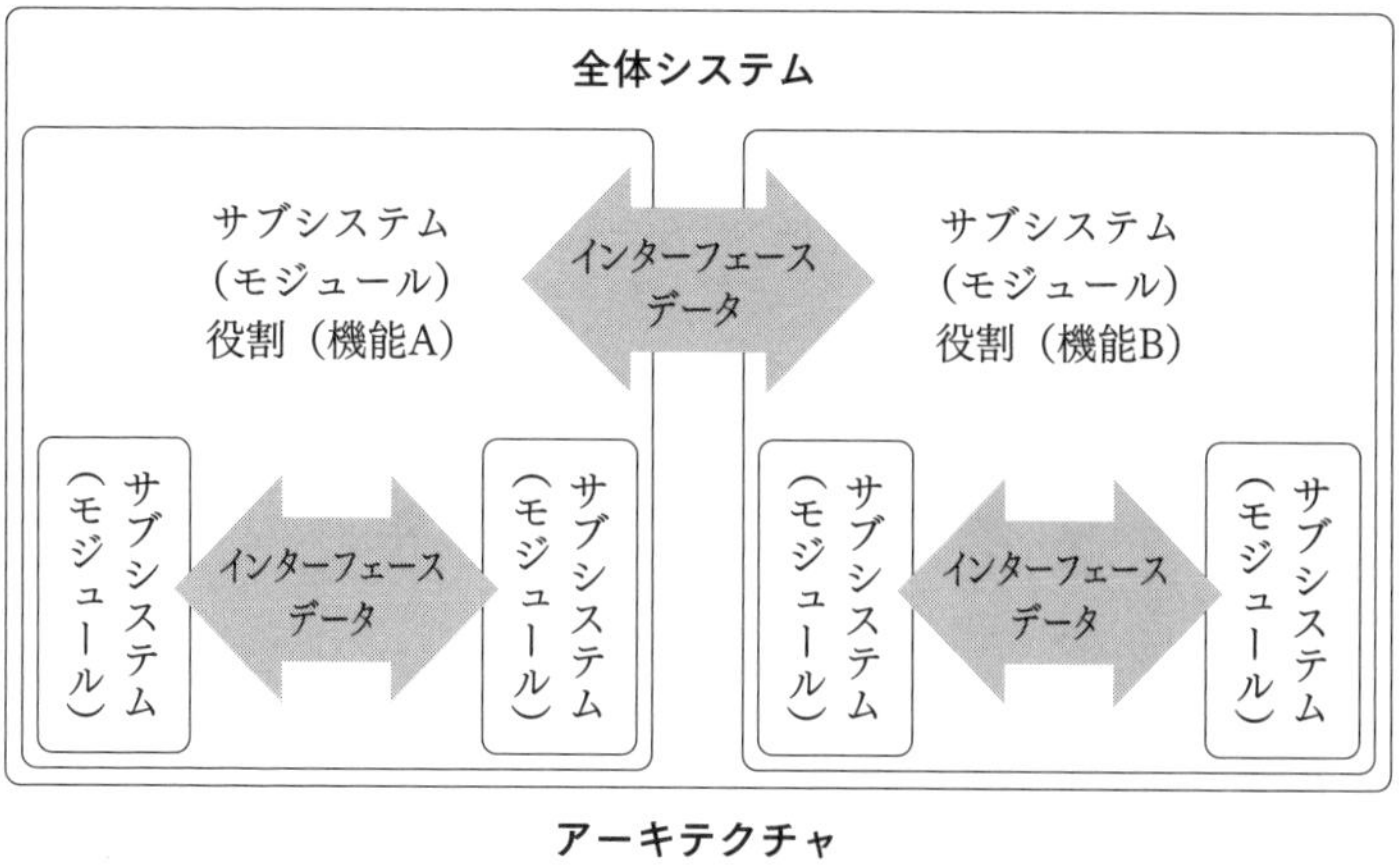

モジュール化が無秩序にできるものではないということは理解しておいた方がいい。モジュール化の前提として、しっかりとしたアーキテクチャが必要なのだ。アーキテクチャは構造のことだが、より具体的には、全体システムを比較的独立性の高いサブシステムの連携の体系として構築する際の、サブシステム間の役割分担の構造と相互作用の方式（インターフェース）の設計思想と定義しておく。

アーキテクチャがしっかりしていないと、部品を組み立てることも難しくなり、全体システムとして機能しないものが出来上がってしまう。典型的には、階層構造を構築して同一階層間のサブシステムの間にインターフェースを作って互換性を作り上げていく（図4－1）。

1　國領二郎『サイバー文明論』日本経済新聞出版、2022年。

多くの場合、モジュールとなっているサブシステムの内部もさらにモジュール化していることがあり得る。例えば、家の中にセパレート型のディスプレーとパソコンとプリンターがある状態を考えてみる。プリンターは独立したモジュールではあるが、その中にはカートリッジ型のインクタンクが内蔵されている。このように見える世界だけでなく、システムの中には様々な部品があって、その部品を構成する部品がさらに存在しているのである。

想定されたアーキテクチャから外れた部品は再利用しにくいという現象を理解するには、標準的な電源（東京ならば100ボルト、交流50ヘルツ）以外の供給を求める電化製品は使いにくい状況を想像してもらえばいいかもしれない。

例えば、日本と電圧の異なる国で買ったドライヤーを、日本で別売りのアダプターなどを使って利用することは不可能ではないが、コストと手間がかかってしまう。日本国内で購入した標準的なアーキテクチャに沿った製品であれば、買ってきて動くことを疑うこともなくコンセントに挿せばよいのとは大きく異なってくる。

今日のシステムづくりのポイントとなっているのはAPIの体系

互換性の高い部品群を用意するためには、しっかりしたアーキテクチャと部品（モジュール）を作る際に、アーキテクチャに沿って互換性が維持できるように開発を行う運営体制が必要となる。

このようなアーキテクチャ維持の困難さから、当初モジュール化は同一企業の製品群の中で実施されていった歴史的な経緯がある。大きなシステム企業の強力な統制の下でアーキテクチャが定義され、サブシステム間のインターフェースが決められて、それぞれの部品の開発プロジェクトはそのルールに従って開発を進めていったのである。

インターフェースが階層別に作られていったことも知識として知っておいた方がいいだろう。インターネットの時代にもハードウェアに近いところから、ネットワークレイヤーやプラットフォームレイヤー、OS（基本ソフトウェア）レイヤー、アプリケーションレイヤーなど、レイヤーごとのアーキテクチャが存在し、レイヤー間のインターフェース、レイヤー内におけるモジュール間のインターフェースなど、様々なインターフェースがアーキテクチャに沿って作られている。

逆に言えば、体系的に作られたインターフェース群がアーキテクチャを形成しているというボトムアップの表現も可能だろう。

インターフェースにはコンセントの例のようなハードウェアのインターフェースもあるのだが、ネットワーク上のソフトウェアやプログラム間のインターフェースのことを特にAPI（アプリケーション・プログラミング・インターフェース）という言葉で表現する。最近は、Webサービス上で他社のソフトウェアと接続するために開示するインターフェースのことをAPIと呼ぶことが多い。

APIがあることでSaaS間をつなぎ合わせてサービスを提供することができる。どのようなデータや要求を自分のソフトウェアに出すと、それに対してどのような反応を返すかといった決めごとや、その要求を出してくる主体がアクセス権限を持つユーザーなのかを確認する認証プロセスなどが決められる。やり取りするデータの種類や形式を定めることも多い。その意味で、技術システム側のデザインプリンシプルであるモジュール構造とデータセントリックの考え方は別々のものではなく、表裏一体となった考え方であることを強調しておきたい。

APIの体系をどのように形成していくかというのが、今日のシステムづくりの大きなポイントになっていることも記しておきたい。モジュールは、単にAPIを定めてクラウド上に置くことで他との連携が実現できるわけではない。社会的に広く受け入れられたアーキテクチャに沿って、体系的にモジュールが配置されていかないと結局つながらない。

例外はあるにしても、アーキテクチャの階層をまたがるような連携を必要とするモジュールは、広くは受け入れがたくなってしまう。交換されるデータが標準化されていないと連携が成立しないことは、技術システム側のもう一つのデザインプリンシプルである、データセントリックの考え方につながる。

オープンアーキテクチャ

アーキテクチャを維持する組織的な理由から、同一企業製品群に限られていたモジュール間の互換性だったが、ユーザーの間では、システムをバージョンアップする際に、特定の企業の製品にとらわれず他社の優れた製品に移行したい、その際にシステムすべてを更新するのではなく、現在使っている道具もそのまま使いたい、というニーズが高まっていった。このニーズに応えるように出てきたのが、オープンシステムである。

オープンシステムにもレイヤー別に様々なものがあって、初期はハードウェアとソフトウェアの互換性を維持するところから始まった。例えば1970年代まで圧倒的な地位を占めていたIBMの大型コンピュータの上で作ったソフトウェアを、日本の富士通や日立が製造したハードウェアの上でも動かせるようになった。

IBM自身がハードウェアをまたがって応用ソフトウェアを動かすことができるOSを開発して世界に普及させたことで、異なる企業のハードウェアの上でもIBMマシン用に開発したソフトウェアが動くようになった。この動きが、インターフェースをめぐる知的財産権などをめぐって大きな紛争をもたらしたことも、歴史的な出来事として記憶しておいた方がいいだろう。

同じような構造がパーソナルコンピュータ（PC）にもあって、かつては各PCメーカーが自分の会社のハードウェアのみで動くソフトウェアを開発して出荷していた。性能に限りがあった当時のPCではそれが必然だったと言うこともできる。その状況を大きく変えたのがマイクロソフトによる、メーカーのハードウェアをまたがるOSの提供である。

多くのメーカーがインテルの中央演算装置（CPU）を採用していることに合わせて、インテルのCPUを採用しているマシンであれば、メーカーをまたがってソフトウェアを使える状態を作った。このインパクトは極めて大きく、ソフトウェア業界が、単一の商品でメーカーを気にせず多くのPCに供給できるようになって業界として成立するようになり、ハードウェア業界から独立していった。

そしてハードウェア業界がコモディティ化し、価格競争に突入して価格が大幅に下落していった。名実ともにハードウェアとソフトウェアの地位が逆転していったのである。このような、メーカーをまたがったシステムの相互運用性（interoperability）を実現することをシステムのオープン化といい、そのような思想を取り込んだアーキテクチャはオープンアーキテクチャと呼ばれる。

オープンアーキテクチャはシステムをレジリエントにする

オープンアーキテクチャを実現するうえで重要なのが、社会的に広く受け入れられたインターフェースの採用である。標準インターフェースを使うことによって、自社システムと他社システムの相互接続が容易になる。

例えば、アマゾンのクラウドのように広く使われているプラットフォームを改めて開発せずとも、標準インターフェースを通して自分たちのシステムを接続することができる。これによって、世の中の多くのシステムが機動的に接続可能になっていく（図4―2）。実際はそれほど単純ではなく、多くの場合に調整作業が必要なのだが、その作業も最小限に抑えることが可能だ。結果、社会全体としての重複作業が減ることになり、ITの費用対効果が大きくなって開発スピードも上がってくる。

オープンな仕組みを採用することのもう一つのメリットは、特定のモジュールに問題があった場合に、他の仕組みで代替可能なことだ。東日本大震災の被災地域では、避難所の名簿管理などを行うために、商業用の顧客管理ソフトを緊急にダウンロードして活用している例などが見られた。

図4-2　レジリエントなオープンアーキテクチャ[1]

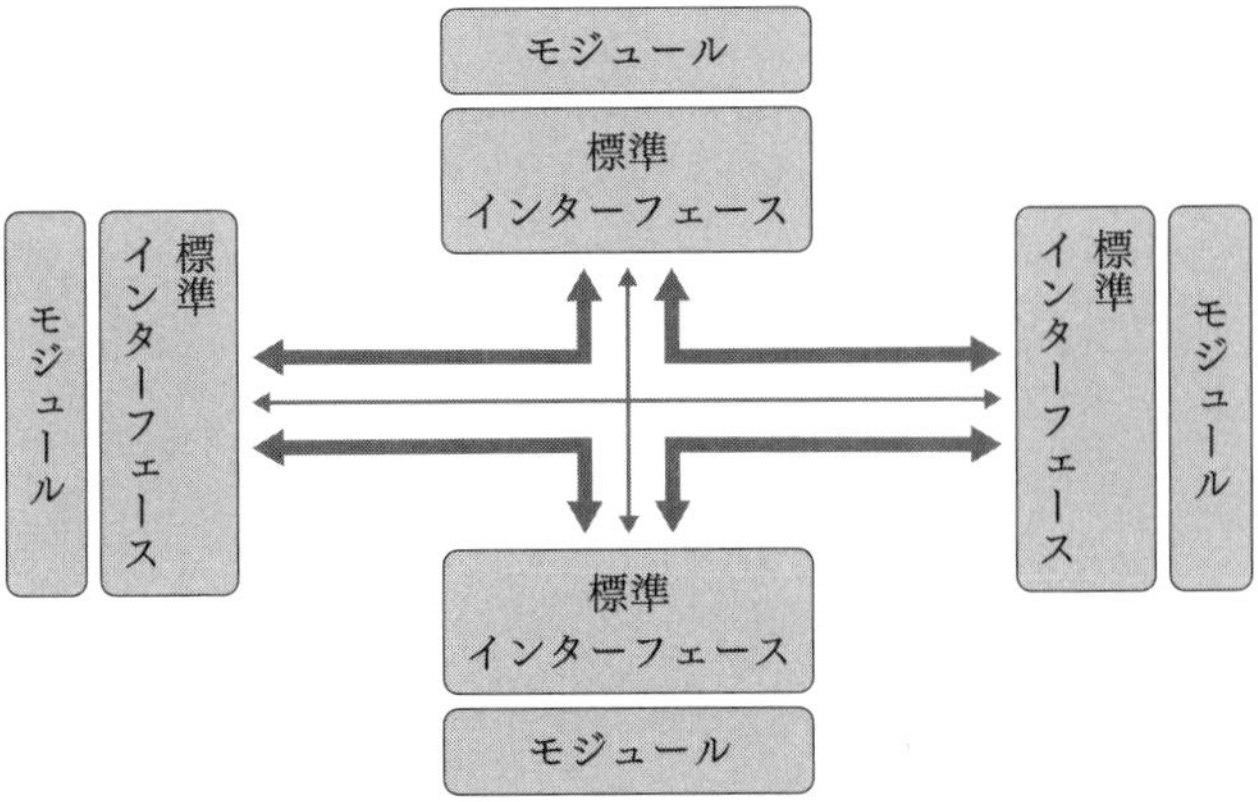

インターフェースに、標準化され世界的に普及しているものを採用することで、世界各国の「現場」の創意工夫で開発されたモジュールが有機的に結合していく。
逆に世界標準外のインターフェースを採用したり、お仕着せの共通モジュールを強要する画一化は創造性を殺す

このようなことが可能だったのも、インターネットの上から標準的な通信手順でソフトウェアを簡単にダウンロードできる状態が作られていたからだ。加えて、ダウンロードしたソフトウェアが、標準的なＯＳの上で問題なく動くインターフェースを採用していたことも大きい。オープンアーキテクチャは、不測の事態に柔軟に対応するレジリエントな構造を作り出すのだ。

モジュールとしてのプラットフォームとモジュールのサービス化

モジュール＝部品というと、小さいイメージがあるかもしれない。しかし、なかには名実ともに巨大な存在となるものもある。その象徴がプラットフォームと呼ばれるものだ。

20世紀の製造業が、システムに必要な機能すべてを統合して、製品にパッケージして提供しようとしていたのに対して、今日のIT企業は、特定の機能に特化しつつそれをより多くの協業パートナーに採用してもらうことで、自分の受け持つセグメントでは圧倒的なマーケットシェアを取ることを目指す。その機能が重要なものであればあるほど、他社はそのモジュールを採用せざるを得なくなり、モジュールはプラットフォーム化していく。

その意味で、今日のIT業界ではインターネットが巨大なモジュールになっていると言っていいだろう。少なくとも消費者向けのサービスでインターネットが全体システムの一部に組み込まれていないものはほとんどない。様々なプラットフォームが重層的に結合されながら、多様な企業が提供するサービスと結合してシステムを形成しているのが、今日のデジタル社会の実相だ。

近年では、モジュールがネットワーク上でサービスとして提供されていることにも注目したい。SaaSと言っていたころは、単に便利なサービスがネットを介して使えるということで、部品がネット上のサービスとして提供されているというイメージはなかった。

最近では、IaaS（インフラストラクチャ・アズ・ア・サービス）やPaaS（プラットフォーム・アズ・ア・サービス）といった、データセンターや専用ネットワークを実際には持たずに、それでも顧客に対しては一貫したサービスの提供をしているように見せるサービスや、サービスを構築する環境を自社の顧客に提供できるように、仕組みそのものを提供するサービスなどが発達してきている。

これらの導入には、①開発スピードが高められる、②需要に応じて柔軟に能力を高めることができる、③固定費を変動費化できる、④常に最新の技術を活用することができる、などのメリットがあって急速に存在感を高めている。

マイクロサービス化するモジュール

もう一つの重要なトレンドとして、モジュールの作り方が、従来のコンピュータ側の機能（例えばプログラム言語で書かれた命令を機械語に翻訳するなど）を単位とするところから、サービスイメージに沿った作り方に変わってきていることが挙げられる。これはマイクロサービスと呼ばれている。

すなわちソフトウェアを、ユーザーに対して提供するサービスの体系としてモジュール化することによって、サービスの組み合わせとしてソフトウェアを組み上げていくことを可能とする手法だ。

例えばA事業部がウェブで注文を受けて、社内で配送手配し、注文受付メールを返し、請求書を起こすという一連の作業を行いたい場合を考えてみよう。A事業部でソフトウェアをすべて用意しなくても、それぞれの機能が独立したモジュールとして存在していることで、機動的に組み合わせてサービスを開始することができる。同じ機能を使っているB事業部と重複した投資をしないで済む。

システム的にはさらにハードウェアなどに負荷をかけるものとなるが、この方式を取ることで、システムに求められるユーザー（社会）ニーズに沿った形で、ライブラリを用意して組み合わせながらシステムを構築することができる。

関連して最近では、ローコード／ノーコードといった考え方が強調されるようになってきている。

サービスイメージでモジュールを構成することで、サービスを提供したいユーザー企業がプログラミングを行わず、ＳａｓＳの上で事前に用意されたモジュールを組み合わせることでシステムが出来上がってしまうような形を目指す。第3章で紹介したタブローも、ローコード／ノーコードで使えるＢＩサービスの一つである。

2

デザインプリンシプル⑤
データセントリックな設計によるデータの資源化

ハードウェア、ソフトウェア、そしてデータ中心の設計へ

今日のデジタルトランスフォーメーションをシステム的に支えるのが、データ中心（セントリック）の考え方だ。多様なアプリケーションシステムの間でデータのやり取りを可能とすることで、エンドユーザーのニーズに合わせつつ、多くのシステムが連動していることを意識させずに、柔軟にサービスを提供することができる。

これを理解するためには、データセントリック以前に「ハードウェアセントリック」なシステムづくりや、「ソフトウェアセントリック」なシステムづくりがあったことを理解するところから始めるといいだろう。そのような言葉が最初からあったわけではないが、振り返ると明らかにシステムづくりの重点が、技術進化とともに変わってきた歴史がある。

コンピュータシステムが作られた当初は、ハードウェアの性能が限定的だったために、いかに限ら

れたハードウェア性能を効率的に活かすかがポイントとなった。より小さなメモリでも動くように、プログラムの論理を研ぎ澄まして、より少ない行数のプログラムで必要な機能を発揮することが焦点となった。足りなかったCPU（中央演算装置）が空くのを待って、人間が夜中まで残業するというようなこともあった時代の話である。

小さなソフトウェアしか走らなかったために、費用の中に占めるソフトウェアコストも小さく、ソフトウェアはハードウェアのおまけというような意識があった時代でもあった。ハードウェアの性能を最大限に引き出すために、ソフトウェアは各ハードウェアに最適化された形で開発された。ハードウェア、特に集積回路の進化が顕著になり、ソフトウェアの重要性が広く認識されるようになってきたのは1960年代と言っていいだろう。ハードウェアがより高機能に、安価になってきたことで、逆にソフトウェアのコストと開発スピードの比重が大きくなってきたのだ。

次第に大きくなっていくソフトウェアを、新しいハードウェアを導入するたびに開発するのでは、時間とコストがかかりすぎるようになってきた。そこで開発されたのが、ハードウェアと応用ソフトウェアの間にOSをはさんで、ハードウェアを交換しても既存のソフトウェアをそのまま継承できる仕組みである。

前述したように、当初はそれぞれのメーカーが自社用のOSを用意していたものが、メーカーをまたがってソフトウェアを使いたいというソフトウェア側のニーズに押されて、メーカー横断的に使えるOSが開発された。ソフトウェアはハードウェアではなく、OSを前提に開発されるようになった。

このような現象が一般化した1980年代あたりから、ソフトウェアセントリックなシステムの時代になったと言っていいだろう。

ソフトウェアセントリックに続くデータセントリックな時代への移行には、インターネットが深く関わっている。ネットワークのネットワークと性格づけられ、様々なシステムを自由度高くつなぐインターネットの普及により、様々なOSをまたがってシステム間連携が行われるようになっていった。それまでは、あらかじめつなぐことが想定されていたコンピュータのみがつながって連携する時代から、その時のニーズに応じて様々なコンピュータが自在につながって連携する時代の到来だ。

ハードウェアもソフトウェアも超えて、データがコンピュータ間を自在に行き交って機能を実現する。データセンターを仮想的につないで、あたかも大きな基盤として働くように見せるクラウドコンピューティングや、システムのモジュール化の流れのなかで生まれたSaaSの考え方も、このような環境の中で発展し、日常のビジネスに欠かせない技術システムの要素となった。

書類が不要な世界をつくる

データセントリックなシステムのことを「書類中心主義からデータ中心主義への移行」という形で表現することもできる。もっと端的に言えば、「印鑑廃止」や「書類廃止」のことだ。A役所で取った書類をB役所の手続きのために提出し、その提出のために新たに申請書を書いて印鑑を押すなどということをやめたい。

よく考えてみると、書類はデータの集合体である。そして、とても多くの場合に、それは既にコンピュータシステムのどこかに入力済みのデータを再度記入している。つまり書類は、その時々にやろうとしていることに必要な情報をあちこちから集めてきて、その情報の集合体としての真偽性を、書類を作成した人の印鑑によって保証するものなのだ。そのために日々多くの人が膨大な時間を使っているが、必要な情報を機械が集めてくれるのなら、本来人間がそのような手間をかける必要はない。

利用者がスマートフォンのアプリに欲しいサービスを伝え、そのために必要なデータへのアクセスの許諾さえ与えれば、あとはシステムが勝手にあちこちのデータベースにアクセスして情報を集めてくれるはずだ。もし本人責任で提出したことにしたいのなら、集めた情報の確認をユーザーに求めて「OK」ボタンをクリックすることで完結させることができる。この間に紙の書類は一切いらないし、いままでどこのデータベースにも入力していなかった情報のみを入れればよいということになる。

このような考え方を国のIT戦略では、「ワンスオンリー」「（コネクテッド）ワンストップ」「デジタルファースト」という3つのキャッチフレーズで要約している。この設計思想は公共分野だけでなく、企業システムなどにも役に立つ指針なので少し解説しよう。

ワンスオンリーというのは、同じ情報については1回のみ入力して二度と入力させないという努力目標のことを言う。例えば、男性であれ女性であれ、結婚して姓を変えなければいけない側は実に沢山の書類を提出しなくてはならず、その大抵の書類に住所や氏名など、重複して同じ情報を書かなければならない。しかも、未だに紙で提出しなければならない場合が多い。

手書きで繰り返し、おおげさではなく数十回住所を書かされることになる。行政の側で住所が正しく記録されていれば、このような手間をかけることは本来必要ない。もっとも、本当は手続きに住所氏名が必要なのではなく、住所や氏名などの基本4情報を書いてもらうことで、申請者の本人性を確認しているようなところがある。そのような確認は、マイナンバーによる唯一無二（の人物である）性の確認や、マイナンバーカードによる電子署名で代替可能であるので、今後は不要になるはずだ。

電子版を正本にする

ワンストップというのは、文字通りサービスをワンストップで提供することだ。「コネクテッド」という言葉が枕につくようになったのは、従来多くの人がイメージするワンストップという言葉が、様々な窓口を物理的に一カ所に集めて実施する取り組みのことを指す場合が多かったからだ。

ネットワーク時代には窓口間を移動する必要はなく、すべての手続きが一つの画面で完結するような状態を作ればよい。ただし、一つの画面に異なるシステムの画面が出てくるくらいではワンストップとは言えず、上記のワンスオンリー状態が複数システム間でも実現しているようにしたい。

デジタルファーストというのは、行政手続きを、原則として電子申請に統一することを指している。基本がデジタルなのでデジタルファーストである。「正本」が電子版だと決めることが、デジタルファースト原則の徹底には重要である。これまでも、同一書類について電子版と紙版の両方が存在していたが、そんな時でも電子版はあくまで「副本」、つまりコピーであるという位置づけにされることが多

セールスフォース社の「シングル・ソース・オブ・トゥルース」とデータ保護方針

データセントリックな設計方針を採用している例として、セールスフォース社が採用している「Single Source of Truth（SSOT：信頼できる唯一の情報源）」コンセプトがある。すべてのデータについて、作成・保管・編集される場所（論理的な場所を含めて）を一元化するという考え方だ。

同じ情報を複数の場所で管理すると、片方だけでアップデートされて他方ではされないことが起こりがちである。住所変更の届けを出したにもかかわらず、旧住所にも郵便物が届き続けるといった経験をされた方も多いと思うが、その背景には同一の会社の中で、顧客の住所情報が複数の部署で管理されている問題が隠れている場合が多い。

大きい会社ほど、請求をする部門と販売促進をする部門で別々のベンダーが開発したシステムを導入しており、それぞれが住所データベースを持つ傾向にある。間違いが発生する原因になるだけでなく、修正や手戻りなどによって大きな無駄が発生する原因となる。

これを防ごうというのがSSOTの思想で、具体的な実施の仕方には複数の方式があるが、いずれも多くのシステムで同一の「正本」データを参照しながら業務を進めることになる。

く、肝心な時には紙版の「正本」が要求されてきた。

デジタルファースト実現のためには、この位置づけを逆転させる必要がある。電子版のデータを「正本化」することが重要だと考える理由は、ワンスオンリー、ワンストップ、デジタルファーストを徹底する先にあるのが「書類（様式）」が不要になる世界だと考えているからだ。

手続きに必要な申請書類を作成する際、ある特定の様式はつきものなのだが、これらの申請書類はデータ項目の集合体である。そして、それぞれの書類が（当然ながら）その手続きに必要なすべての情報項目の記載を求めている。

ところが、先ほど述べた通り、その大半は何らかの形で既に情報システムの中に入っている場合が多い。再度入力するのは無駄な作業以外の何物でもなく、省くにこしたことはない。過去に既に入力したデータ項目の情報は、システムを立ち上げた時に自動的に記入され、新たに必要となったデータのみを入力してもらえば手続きが完了するような世界を作りたい。

データの標準化が必須

データセントリックなシステムづくりをするうえで重要なのが、データ形式の標準化だ。システム間でこれが違うと、複数のシステムでデータを共有することが非常に難しくなってくる。

これが大きな問題だったのが、人名などの漢字コードだ。当用漢字などは当然標準化されているが、人名は同じ文字でも微妙に異なり、戸籍上には約6万種類の漢字が登録されていて、標準化がなされる前の自治体では独自のコードが振られていた。このような状態であると、自治体をまたがってシステム間で人名を交換したい場合に文字化けの問題が起こる。特に戸籍についてまだその状態が残っていて、書類を紙で出さなければならない大きな原因となっている。

そのほかにも、日付の表記方法や住所の表記方法などが微妙に異なるために、システム間でのデータ交換ができなかったり高コストになったりしている場合が多い。これらの標準化を進めていくことが、データセントリックなシステム構築をするうえで必須の条件となる。

実際にはいきなり完全な標準化を実現することは難しい場合が多く、許容できるいくつかの方式に収斂させていきながら、変換をするような方式を取ることも多い。漢字コードについては、IPA（独立行政法人情報処理推進機構）が文字情報基盤整備事業で、長年の努力の結果整備した6万字のコード体系がある。地道な努力に敬意を表しつつ、採用を呼び掛けたい。

データの標準化がきちんとなされていれば、アプリケーションの共通化（同一のものを採用する）の必要性は逆に低いことも付言しておきたい。

システムやアプリケーションの標準化について、同一のシステムパッケージを皆で採用して、システムに合わせて業務を実施することだという認識もあるが、それではデジタル時代に求められる多様なニーズへの柔軟で機動的な対応はできない。データの標準化がきちんとできていればこそ、多様な主体によって開発されたシステムの連携が可能となる。フルーガルが実現できるというわけである。

その特性を活かして、標準化され一元化されたデータを中心に置きながら、多様なシステムが連携して多様なニーズに応えていく世界を作るのが、データセントリックの考え方の中核なのだ。コラムで紹介するようなシングル・ソース・オブ・トゥルース（163ページ）や、データレジデンスとデータコントロール（166ページ）の基本構造をしっかり考慮したうえで、データセントリックを実現したい。

データセントリックの目的はデータの資源化

データを中心とする考え方は、データを資源化する戦略と言い換えてもいいだろう。

セールスフォース社が提供する新しいデータレジデンスとデータコントロールの考え方

クラウドベース技術ならではのデジタルソリューションでビジネスを変革する企業が増えるなか、業界の規制と企業の意向によって、こうした基盤を提供する企業には個人や企業の両方のデータを保護するソリューションの提供が求められている。実際、企業は政治的な国境の中でホストされる技術を使用するソリューションを含め、データの保存と処理を行う場所を管理できるテクノロジーを選択している。物理的なデータの場所をデータレジデンスと言う。

セールスフォース社では、IaaSレイヤーからSaaSレイヤーまで一貫してPaaSを開発しており、日本国内にもデータセンターを保有している。2020年には、大手パブリッククラウド事業者のIaaS機能を利用し、ユーザーが利用する製品やサービスにリソースを集中させるハイパーフォース（Hyperforce）コンセプトを発表した。ハイパーフォースを通じて、世界中のユーザーが、企業、業界、地域特有のコンプライアンス要件をサポートするために、特定の場所へのデータ保存を選択することができる。

データの取り扱いについて個人情報保護など様々な規制があるなかで、セールスフォース内ではデータを格納した各レコードの情報をどのように取り扱うべきかに関する意味合いを各データと一体化させており、多くの場合重複させることができる。データ属性（氏名や住所など）にデータの取り扱いルールを含めることができるため、レコードや項目単位のセキュリティコントロールが可能となる。

各レコードや項目へのアクセスログや認証の仕組みも統一され、アクセスログの記録を提供するサービスのニーズが増えているという。

ネットワーク革命以前の経済は、情報を活用して工業や農業製品をより効率的に生産・販売する仕組みとして発展してきた。そこでの中心は、ハードウェアでありソフトウェアだ。それに対してデジタルトランスフォーメーションが目指すのは、情報そのものが生み出す価値の最大化なのだ。

例えば、医療の分野などでもこれまでコンピュータを活用した事務の効率化が図られてきた。あくまでも既存のオペレーションの効率化だ。それに対して今日のデジタルトランスフォーメーションでは、治療の情報などを集約して分析することで、医療そのものを発達させることができる。

そのような情報価値の増大は、ネットワーク外部性という概念で説明することができる。利用者が増えるほど商品の価値が高まる現象のことを言う。SNSなども友人が多く使っているものの方が便利であるといったのは端的な例だ。

そして、データは断片化した情報が結合することで価値が高まる特性がある。医療情報も、断片化しているとどんな原因で症状が改善したのかが分からない。それが、大量の症例があることで、何が有効な治療法であるかが浮かびあがってくるようになる。

データセントリックな考え方というのは、データの持つ特性を社会的な利益につなげるべく資源化を目指すことと言っていい。それが新しい価値を生み出す元本になるという意味においては、データを社会的な資本にするという表現をしてもいいだろう。

データをただ集めるだけでは資源化ができないことも強調しておきたい。いくつか条件があるのだ。その第一がデータ形式の標準化であることは、先にも述べた通りである。現在、政府レベルでは国と

デジタル庁によるベース・レジストリの整備

デジタル庁では、広く様々なシステムで活用される公的なデータを公開する取り組みを進めている。デジタル庁の説明では「ベース・レジストリとは、公的機関等で登録・公開され、様々な場面で参照される、人、法人、土地、建物、資格等の社会の基本データであり、正確性や最新性が確保された社会の基盤となるデータベースです」とある。それを進めるうえで重要なのが標準化で、2022年5月時点の同庁のホームページでは住所の標記について「アドレス・ベース・レジストリ」として開示している（図4-3）。

たかが住所と思うかもしれないが、日本全国では実に様々な住所表記の仕方が存在しており、地域によってそれをデータベース化したものの表記も様々である。そして、数字を文字として表記しているものと数値として表記しているものは、単純に結合させても資源としてのデータにならない。現実にはこのような住所表記の属性として、その場所にある施設の名称や機能分類などを表記していくことになるのだが、その方法も全国でまちまちだ。

このような基礎的なデータの標準化と整備があって初めて、例えば障害のある方への支援サービスアプリの全国版などを安価かつ機動的に整備することができる。全国に散在して活きていないデータを活用可能な資源としていくための重要な取り組みだ。

地方すべての行政組織が持っている情報を統一した形式で登録・公開する「ベース・レジストリ」の取り組みが進んでいる。まさにデータ資源化の取り組みだが、出発点としてデータ形式の標準化に取り組んでいるところに注意したい。

デンマークにおけるベース・レジストリの例

ベース・レジストリの整備とは一体どのようなものなのか、その取り組みが日本よりも一足早く進んでいるデンマークの例を紹介する。

日本でベース・レジストリと

図4-3　ベース・レジストリ上の住居表示——街区の例

データ項目（アドレス・ベース・レジストリ　住居表示-住居マスターデータ）					
項目No.	項目名	区分	説明	形式	記入例
1	全国地方公共団体コード	◎	町字の上位階層の行政区域となる市区町村を一意に識別するためのコード。総務省「全国地方公共団体コード」に従って6桁のコードを収録。当該住居が属する市区町村のコードを収録。	文字列（半角数字）[6桁]	131016
2	町字ID	◎	町字を一意に識別するためのコード（4桁-大字・町、3桁-丁目・小字）。丁目・小字の親階層となる町・大字の4桁は同一の町・大字には同じ数値とする。当該住居が属する町字のIDを収録。	文字列（半角数字）[7桁]	0002002
3	街区ID	◎	街区符号を一意に識別するためのコード（3桁）。　当該住居が属する街区のIDを収録。	文字列（半角数字）[3桁]	001
4	住居ID	◎	住居番号を一意に識別するためのコード（3桁）。　（注1）	文字列（半角数字）[3桁]	006
5	住居2ID		住居番号が団地・中高層建物の特例、または枝番の設定により2つの番号を組み合わせて構成される場合の後の番号（各戸の番号等）に対するコード。整備しない場合は収録不要。　（注2）	文字列（半角数字）[5桁]	
6	市区町村名	◎	市町村の名称（東京都23区の場合は特別区名を収録）。JIS X 0402に従って収録。	文字列	千代田区
7	政令市区名	○	政令指定都市の行政区の名称（行政区がある場合は必須）。JIS X 0402に従って収録。	文字列	
8	大字・町名	○	大字・町の名称（丁目名を除いた部分）。または、道路方式の住居表示における道路名。大字がない場合は空欄とする。自治体が保有する資料に基づき収録。	文字列	霞が関
9	丁目名	○	町名に数字＋丁目（丁）を含む場合の丁目（丁）の部分の名称。「丁目（丁）」を含む文字列を収録。自治体が保有する資料に基づき収録。	文字列	二丁目
10	小字名	○	小字の名称（または通称を収録する場合の通称名）。自治体が保有する資料に基づき収録。	文字列	
11	街区符号	○	街区符号の表示用。街区方式の住居表示の場合は必須。数字は半角で収録する。※例外的に数字以外を含む場合がある。	文字列	1
12	住居番号	◎	住居表示（表示用）。数字は半角で収録する。	文字列	6
13	住居番号2		住居番号が団地・中高層建物の特例、または枝番の設定により2つの番号を組み合わせて構成される場合の後の番号（各戸の番号等）。整備しない場合は収録不要。	文字列	

出所：デジタル庁「アドレス・ベース・レジストリデータ項目定義書」[2]

呼んでいる国や地方公共団体が保有する基礎的なデータ群は、デンマークでベーシックデータ（Grunddata）として整備されている。ベーシックデータの提供サイトでは、ベーシックデータと連携する際の標準APIとデータのフォーマットが公開されている。

　この提供サイトで示されているデータの種類は、個人の情報、不動産情報、企業情報、水と気象情報、地図と地理情報、住所・道路・地域情報の6つある（図4−4）。このサイトから個人情報や不動産情報を直接閲覧できるということではなく、あくまでデータの連携方法に

2　デジタル庁HPからダウンロード可能。

図4-4　デンマークのベーシックデータのカテゴリー例

出所：デンマークデジタル庁のデータ提供サイト[3]

ついての記述が公開されていることに注意してほしい。

それぞれのベーシックデータには、詳細情報を格納したデータベースが作られている。個人の情報であればＣＰＲ（Centrale Personregister）と呼ばれる市民登録システム（日本のマイナンバーのように、国民一人ひとりにＣＰＲ番号が振られている）が、企業情報であればＣＶＲ（Centrale Virksomhedsregister/Central Business Register）という日本の登記簿と同様のものが、不動産情報であればＢＢＲ（Bygnings og Boligregistret/Central Register of Buildings and Dwellings）が整備されている。

企業情報を扱うＣＶＲでは、日本のように税金や労働、企業活動などを担当する別々の省庁が別々にデータを管理していたところ、異なる省庁間で共有すべき必要最低限の（ベーシックな）データを整備しようという議論が１９９０年代から始まり、10年近くかけて現在のＣＶＲのシステムが構築された。

ＣＶＲはvirk.dkという個別のウェブサイト（virkは英語でworkの意味）を持っており、事業者が登録した情報は公開され、ウェブサイトを訪れた人が誰でも閲覧できるようになっている。なお、個人情報に当たるCPRの情報は、CVRのように一般公開はされていない。第1章でコロナ禍の特別定額給付金の事例を紹介したが、デンマークにおける迅速な給付金支給につながったのは、こういったベーシックデータを整理し、異なる組織間で共有できるような基盤を構築していたことが背景にある。

〝最低限〟必要なデータの標準化に10年単位の時間をかけている

〝データ連携〟や〝連携基盤〟というと簡単に聞こえるかもしれないが、デンマークのCVR構築にあたっては既存データの統合というプロセスは踏まず、登録が必要なすべてのベーシックデータを各企業に一から入力してもらうという途方もない労力があった。

CVRシステムが構築された以前に存在していたデータのうち、新しいシステムへの入力が確認されなかったものについては、個別に調査を行っている。さらに各企業には、CVR番号の前にVAT番号という別のIDが振られていて個別に確認が必要なケースもあったのだが、CVRシステムの運用と並行しながら20年以上かけてID移行の問題に対応してきた。

なお、ベーシックデータというだけあって、整備された情報の項目は〝最低限共有が必要なもの〟に限定されていることも付け加えておきたい。例えばCVR法では、記録情報としてCVR番号、会

3　https://datafordeler.dk/

サイバーエージェントの「車輪の再開発をしない」ための技術アーキテクチャの考え方

第3章で紹介したサイバーエージェントのオーナーシップカルチャーを醸成するため、同社では各事業部の独立性を保ち、意思決定を尊重している。事業部ごとの自由と裁量を守りながら、事業部／グループ会社間のシナジーを目指すことにメリットがある部分については、協働を前提とするアーキテクチャとしている。

具体的には、決済などいくつかのシステムに共通する基盤技術の開発、セキュリティ対策、調達購買、AI技術の強化など。また、プログラムコードはエンジニア間で共有できる仕組みを社内で構築し、新規プロジェクトの際に既に開発されたコードを再開発しない（車輪の再開発はしない）、既に検証されたベストプラクティスがあれば採用する、また過去に起きた失敗は繰り返さないことを徹底している。

技術革新が速いため、一つひとつの技術に対する詳細なドキュメントを作成するよりは、この技術について誰が詳しい、このアーキテクチャについては誰に聞くといい、といった人ベースのナレッジシェアの考え方を採用している。

各事業部には意思決定のできるCTOを配置して、役員直轄のCTO統括室を設け全社的な技術アーキテクチャのガバナンスを行っている。

社の形態、設立日時、解散日（該当する場合のみ）、法人名、法人所在地、事業概要、従業員数、事業所情報（各事業所には別のIDが振られている）が定義されている。

それぞれの省庁では、ベーシックデータを使う場合には各データベースと連携する形でシングル・ソース・オブ・トゥルースを実践し、自分たちの業務で使うシステムは個別に構築している。個別システム部分のデータ連携はまだ実現していない。

先ほど紹介した日本国内における漢字のコード体系の例も同じくだが、データセントリックの実現に欠かせない基盤の整備には、時間も労力もかかることを認識するべきだろう。最小限のデータに絞って整理したデンマークでも10年単位の月日を要し、根気強い取り組みが必要なことが分かる。右のコラムにあるようなサイバーエージェントの「車輪の再開発はしない」というスピリットが大切になる。日本のベース・レジストリの議論がその第一歩となることを期待したい。

データセントリックを実現するうえで考慮すべき個人情報保護とセキュリティ

データの資源化と表裏の関係にあるのが、個人情報保護やセキュリティ対策だ。データを集積（仮想的集積を含む）させて利用可能とすることが、個人情報の流出やサイバー攻撃、災害などの脆弱性などにつながっては元も子もない。

個人情報保護の具体的方式についてはより専門的な文献をあたってほしいが、大きく言って①そもそも流出が起こらないようにする事前的な対策と、②万が一流出が起こった時に被害を最小化する対策の2種類があることを指摘しておきたい。

2種類あると認識することが重要なのは、日本では「漏洩はあってはならないこと」という事前対策を重視するあまりに、いったん漏れた時に無防備な体制にしてしまうことがあるからだ。

例えばデータを守るためには、(a)外部からの攻撃に強い堅牢なシステムで守る方式があるが、これに頼りすぎるとデータが組織内部の不正によって流出するようなリスクに弱くなるという弱点が生まれやすい。

委託業者なども含めて、内部者の悪意や不手際によるデータ流出は想定しておかなければならない。仮にそのような流出が起こった場合にも、(b)漏れることを想定してデータを分散させて保存したり、アクセスログを取って流出先を把握できるようにする方式など対策は取り得る。「ありえない」という建前に閉じこもってしまうことで、流出時の対策を取ることのできない組織的な問題が発生することに要注意だ。

個人情報流出対策を含むサイバーセキュリティ問題が、個々の企業だけでなくサプライチェーン全体の管理の問題であることを強く印象づけたのが、2022年のロシアのウクライナ侵攻直後に起こった、トヨタへ納品を行っている企業へのサイバー攻撃だ。この攻撃を受けてトヨタの操業が止まってしまった。

折しも安全保障上の観点から「サプライチェーンサイバーセキュリティ」が叫ばれている最中に起こったことで関係者を震撼させた。今日のサイバーセキュリティが取引先なども含めて対策されなければ、いつ自社も巻き込まれるか分からない時代になっていることは肝に銘じておきたい。

3 モジュール構造とデータセントリックで実現するレジリエントで優しい技術システム

多様なニーズに最適なユーザー体験を提供する

2021年9月に発足したデジタル庁のミッションが「誰一人取り残されない、人に優しいデジタ

図4-5　パーソナライズサービスのイメージ

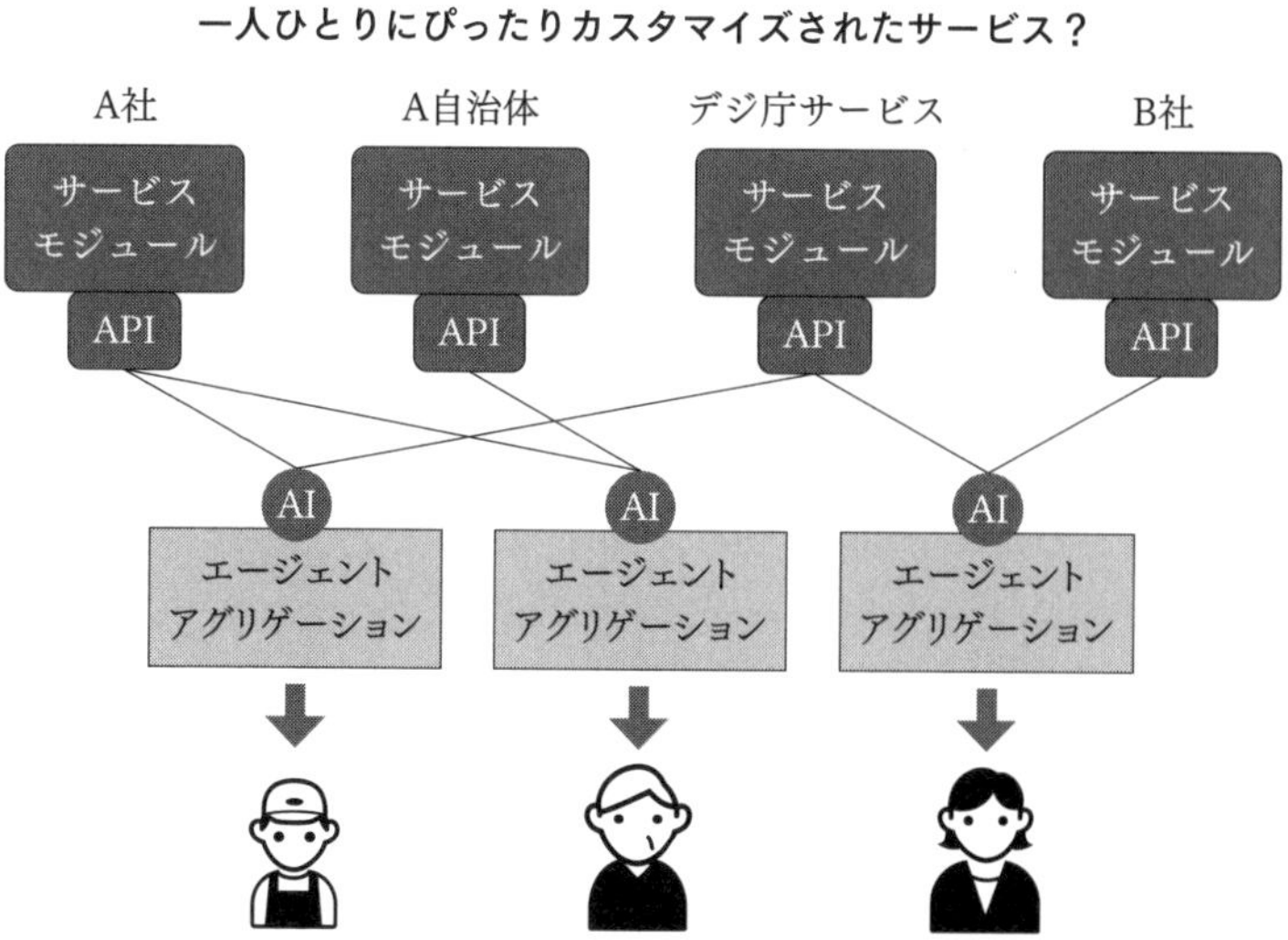

ル化を。」である。その具体的意味については様々な解釈がなされているが、一番重要なことは、多様なニーズを持っている国民一人ひとりにピッタリ合ったサービスを、パーソナライズ化して提供することだろう。

デジタル庁だけではなく、民間も含めて一人ひとりにカスタマイズしたピッタリサービスの提供は、デジタルトランスフォーメーションにおける大きなテーマと言っていい。これまでのIT化がどちらかと言えば定型化された仕事を効率的に実行することにあったのとは対照的に、今日のデジタル化は個別のエンドユーザーの多様なニーズにきめ細かく対応していくことが求められている。

それを実現するのが、本章で解説してきたモジュール化でありデータセントリックな構造であるというのは、ここまで読んでいただけたら

図4-6　デジタル臨調のデジタル原則

1. **デジタル完結・自動化原則**：書面、対面、目視、定期点検などを義務づけるルールについて、デジタル完結・自動化による対応を基本とすること
2. **アジャイルガバナンス原則**：デジタル技術を使って、一律かつ硬直的なガバナンスではなく、柔軟で継続的な改善を可能とするガバナンスを行うこと
3. **官民連携原則（GtoBtoCモデル）**：行政がサービス提供する際に、国民接点は民間企業のUIUXを活用するなど、民間の力を最大化する新たな官民連携を行うこと
4. **相互運用性確保原則**：官民で適切にデータを活用できるよう、システム間の相互運用性を確保すること
5. **共通基盤利用原則**：デジタル基盤、IDやベース・レジストリなどは、分野ごとの縦割りで独自のシステムを構築するのではなく、共通基盤を利用すること

出所：デジタル庁資料[5]をもとに筆者作成

ご理解いただけたと思う。それをイメージにしたのが図4－5である。ネットワーク上に様々なサービス主体がモジュールとしてサービスを提供し、それを顧客に近いところにいるUI・UXを受け持つモジュールが、個々のユーザーにピッタリの形にまとめて提供するイメージだ。

真に顧客利益を守る立場でネットワークに存在するサービスを統合するAIを活用したモジュールは、パーソナルAIエージェントと呼ばれている。[4]

このようなモジュール化された構造が重複開発を防ぐことによって、システム開発をより機動的にするアジャイル開発を実現することも既に述べた通りだ。図4－5のような構造化を行うことのメリットは、UI・UXに代表される顧客との接点を、

顧客ニーズに合わせて機動的に開発することを可能にすることだ。川上にモジュールが存在することによって、ユーザーに直接接するソフトウェアを徹底的にＵＩ・ＵＸの改善に注力しながら開発することが可能となるのだ。

このような構造化は、官民の役割分担などを考えるうえで重要だ。デジタル庁はデジタル臨時行政調査会において、ＧｔｏＢｔｏＣという考え方を提起している（図４－６）。つまり、今後の行政サービスにおいて、政府はデジタル行政サービスのいわば卸売業を行って、ユーザーインターフェースの部分については民間サイトに委ねるという方針だ。

この構造は多くの企業でも採用可能であるし、既にそのような構造をしている（つまり自社サービスをよりユーザーに近い他社サイトの部品として提供する）ものも多い。例えばグーグルのカレンダーソフトを使いながら、ワンクリックでＺｏｏｍのテレビ会議システムの予約をされている方も多いのではないだろうか。このような分業と連携のエコシステムを作り維持していくことで、多様なユーザーニーズにきめ細かく対応していくのが、デジタル社会の未来と言っていいだろう。

4　中川裕志（２０２０）「ＡＩ倫理指針の動向とパーソナルＡＩエージェント」『情報通信政策研究』3(2): 1-24.

5　デジタル臨時行政調査会第２回資料「デジタル時代の構造改革とデジタル原則の方向性について」より。

表4-1　レジリエントなシステムを作るための4原則[6]

名称	考え方
汎用性	標準的でオープンなシステム、ユーザーが日ごろ使いなれているツールを使うこと
遍在性	いつでもどこでも情報へのアクセスが担保されること
唯一性	システム内のデータにユニークな識別子を与え認識すること。単に付番するだけではなく、認識（認証）の仕組みを持つことが大切
一貫性	システムやデータベース間のデータの相互接続性を担保すること

アジャイルでレジリエントな技術システム実現の4原則

アジャイルでレジリエントなシステムづくりの際に、技術サイドが守るべき原則が4つある（表4－1）。汎用性、遍在性、唯一性、一貫性の4つの原則は、本章で提示したモジュール、オープン、データセントリックという考え方が、システムの機動性とレジリエント能力を高める原則とほぼ一致していることを示している。

原則の1つ目である汎用性では、標準的でオープンなシステム、ユーザーが日ごろ使いなれている汎用的なツールを使うことが推奨される。標準的な（オープン）インターフェースに則ったシステムを使うことを指す。そうすることでモジュール化の恩恵が受けやすくなる。

2つ目の遍在性は、どこでもいつでもユーザーが情報へアクセスできると保証することだ。遍在性は英語にするとユビキタスである。ユビキタスコンピューティングという言葉を耳にされたことのある方もいらっしゃるかもしれない。

いつでもどこでも情報やサービスにアクセスできるのは当たり前

だと思われるかもしれないが、遍在性をシステム的に解釈すると、人々が日ごろ使っている汎用性の高いツールに合わせて仕組みを設計するということであり、ユーザー視点が求められることが分かる。

3つ目と4つ目の唯一性と一貫性が、データセントリック実現の鍵となる。唯一性は、システム内のデータにユニークな識別子を与え認識することだ。例えば、マイナンバーのような悉皆性を持った唯一番号がこれに当たる。単に付番するだけではなく、認識（認証）の仕組みを持つことが大切となる。

モジュール構造を採用して様々なシステムが結合していく場合にはデータだけでなく、システムが扱うすべてのヒト、モノ、情報に唯一無二のIDを振って識別できたり、整合性（一貫性）が保てるようにしなければならない。

シングル・ソース・オブ・トゥルース原則などを実現しようとする場合、モジュール間でデータを参照し合わねばならない。その時に確実にアップデートされたデータが使われるようにIDが必要となるのだ。これは、今日の情報システム構築においてID管理が極めて重要な基盤となるゆえんでもある。

一貫性は、図4－6で示したデジタル原則でも示された相互運用性につながる観点である。システムやデータベース間のデータの相互接続性を担保することだ。適切なID管理による唯一性を担保し

6　櫻井美穂子『世界のＳＤＧｓ都市戦略』学芸出版社、２０２１年。

たうえで、標準的なデータ形式とインタフェースに則ってモジュール間の連携を実現することが、データセントリック実現の鍵であることが分かるだろう。

オープンなアーキテクチャと、遍在性のあるネットワークやデバイスを使う。そのような環境のなかで相互接続性が担保され、汎用性の高いモジュールが唯一性のあるデータを交換する構造を作ることによって、システムに柔軟性が生まれ、ソシオテクニカル経営の目指すレジリエントを実現するシステムができるのだ。

創発的な価値創造による複雑系への適応

モジュール化とデータセントリックで構築するオープンアーキテクチャが生むもう一つの大きなメリットが、参加型の開発による創発的な創造性の喚起である。最終的にはモジュール化の最大の意義がここにあると言っていい。

ベンチャー企業などにとっては、プラットフォームやオープンなアーキテクチャがあることで、他社が提供していない機能やサービスに集中してシステム開発をして、開発が終わったらただちに世界市場に向けたサービス提供が可能になる。

インフラストラクチャ部分も、他社のものを利用することで固定費を低く抑えながら急成長することも可能だ。大きくなったところで自前のインフラストラクチャを整備して、今度は利益率を高くする戦略にスイッチしたりすることも可能だ。

結果として生まれるのが、ベンチャーが競って新しいサービスを生み出すエコシステムの創出だ。多種多様なニーズに応えるサービスが生み出されることによってユーザーも恩恵を受けられる。昨日までは考えもしなかった新しいサービスが突然現れ、他社の製品と接続しながらあっという間に世界中に広がっていく創発的な価値創造が生まれる。

度々事例に出しているウーバーやフェイスブックのメッセンジャーなどもこのように生まれてきたサービスであるし、最近多くの企業が採用しているLINEを経由したサービス利用（日常使いのインターフェースによるサービス利用）も、エコシステムの一部として私たちの生活に必要な存在となっている。第3章で紹介したセールスフォース社のSaaSも、エコシステムの中心的なプラットフォームを担っている。

その生態系に適応した組織と戦略を持つのが、デジタルトランスフォーメーションの重要性と言ってもいいだろう。今日のビジネス社会では、このような組織に自らを変革できるかどうかが企業の存否を分けると言ってもオーバーではない。

第4章のおさらい

◉アーキテクチャとは、サブシステム間の役割分担の構造と相互作用の方式（インターフェース）の設計思想のこと。

◉社会的に広く受け入れられたアーキテクチャに沿ったモジュール化が、サービスの機動的な提供を可能とし、システムをレジリエントにする。

◉書類中心主義からデータ中心主義への移行がデータセントリック。データの持つ特性を社会的な利益につなげるべく資源化を目指すこと。

◉データの資源化に必要なのはデータの標準化。データの標準化には時間と労力がかかる。

◉モジュール構造とデータセントリックによって、多様なニーズを活かすサービス設計が可能となる。

第5章

How to do ソシオテクニカル経営？

本書でこれまで提示してきたメッセージは次の3点である。

①複雑系の時代を生き抜くためには、時代の変化に柔軟にレジリエントである必要がある
②デジタル技術を使って、一人ひとりの多様なニーズにきめ細やかに優しく対応することが大切になる（デジタルトランスフォーメーションの真の目的）
③社会システムと技術システムの統合設計によるソシオテクニカル経営がこれらを実現する

本章では、ソシオテクニカル経営を実現するための8つの提言を提示する。これまで説明した理論的なフレームワークやデジタル化の捉え方、企業の実践事例などを踏まえ、ソシオテクニカル経営を実践するためのＨｏｗ ｔｏガイドとして、あるいはこれまでの議論の整理としてお読みいただきたい。

1 豊かさや幸せを実現するＷＡＮＴＳを設定する

現実と理想のギャップに着目する

ソシオテクニカル経営の一丁目一番地は、ソシオテクニカル経営で何を実現したいのかという「ＷＡＮＴＳ」を正しく設定することだ。ソシオテクニカル経営で重視するアウトプットは、社会システムの質の向上である。生活の豊かさや幸せ、ウェルビーイングといったキーワードが注目されるよ

うになる。

ウェルビーイングの考え方には多面性があって、様々な観点から捉えることができる。WHOはウェルビーイングを社会的健康と位置づけて、〝健康〟という大きな概念の一つの要素としている。社会的健康に加えて、肉体的健康と心理的健康によって〝健康〟が維持されるという考え方だ。

世界の様々な都市がウェルビーイングを掲げて街づくりを実践している。[1]都市によって重点領域は異なるが、共通する考え方には社会的交流、余暇、住環境、経済状況、労働環境、教育環境などがある。住む、働く、学ぶ、遊ぶといったキーワードだ。住環境には自然や文化遺産、医療や教育などの生活に必要なサービスにすぐにアクセスできるかどうかなどが含まれる。

筆者が2022年6月に実施したデジタル社会に関する意識調査[2]では、「現在のお住まいの地域で実現できている暮らしはどれですか？」「現在のお住まいの地域で、どのような暮らしを送りたいですか？」という質問を、同じ選択項目を使って尋ねた（図5－1）。グラフの灰色のバーが〝現実の暮らし〟を、黒のバーが〝理想の暮らし〟と答えた人の割合を示している。グラフの項目は上から〝理想

1　櫻井美穂子『世界のSDGs都市戦略』（学芸出版社、2021年）でウェルビーイングを掲げた都市の事例を紹介している。

2　（株）サイバーエージェント、（株）セールスフォース・ジャパン、国際大学グローバル・コミュニケーション・センターの共同研究「デジタル社会に関する意識調査」。全国4128人を対象としたオンラインアンケート調査（2022年6月実施）。

図5-1　暮らしの現状と理想

Q：現在お住まいの地域で実現できている暮らしと、理想の暮らしについて教えてください（複数回答）。(n=4,128)

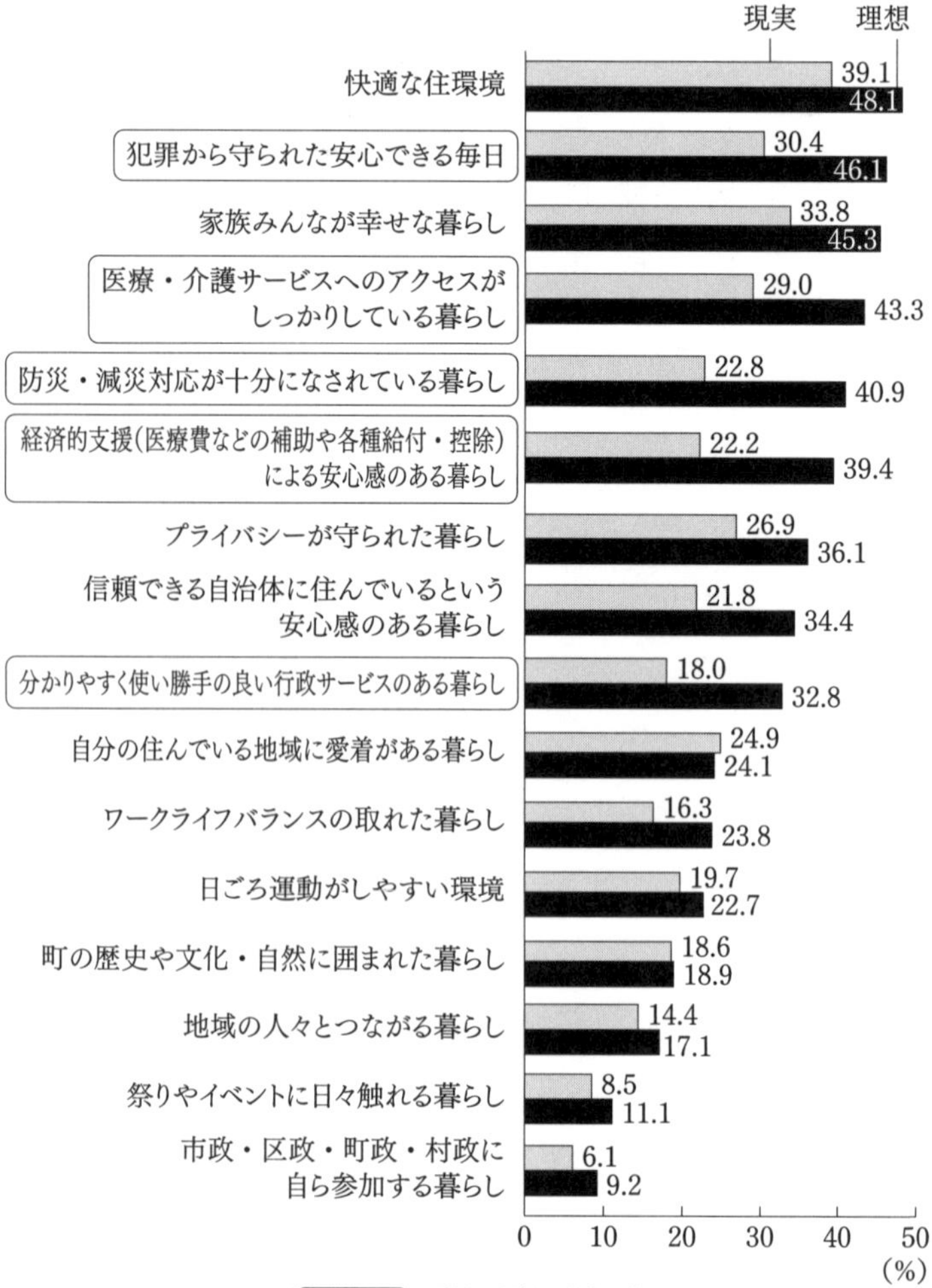

※□の項目は理想と現実の差が14ポイント以上開いたもの

出所：「デジタル社会に関する意識調査」

の暮らし〟と答えた割合の高かった順に並んでいる。

人々の多様な幸せの価値観に寄り添うという観点からは、項目の順位だけを見て優先順位を付ける必要はない。ただこの調査では、理想と現実の2つの軸で生活観を聞くことで、一人ひとりの願望（アスピレーション）を理解しようと試みた。

〝理想の暮らし〟と〝現実の暮らし〟の差が最も大きかった項目は「防災・減災対応が十分になされている暮らし」だった。次いで「経済的支援（医療費などの補助や各種給付・控除）による安心感のある暮らし」「犯罪から守られた安心できる毎日」「分かりやすく使い勝手の良い行政サービスのある暮らし」「医療・介護サービスへのアクセスがしっかりしている暮らし」といった項目が続く。

これらの項目から抽出できるキーワードは、防災・減災、犯罪対策、医療・介護、分かりやすく使い勝手の良い行政サービスである。デジタル技術をいかに活用して、これらのサービスを充実させて暮らしに安心感を添えていくことができるのかが、ソシオテクニカル経営が目指す社会生活の質の向上につながりそうなことが分かる。

デジタル化の方向性を定める

デジタル活用は、人々の多様なウェルビーイングが満たされ、生活の質が向上したと多くの人が実感できる環境を作るための手段である。デジタル活用そのものが目的になって、誰のための幸せを追求するのか、何のためのウェルビーイングなのかというゴール設定を忘れてしまうことのないように

図5-2　デジタル化の有意義な点

Q：社会のデジタル化について有意義だと思うことを教えてください（複数回答）。（n=4,128）

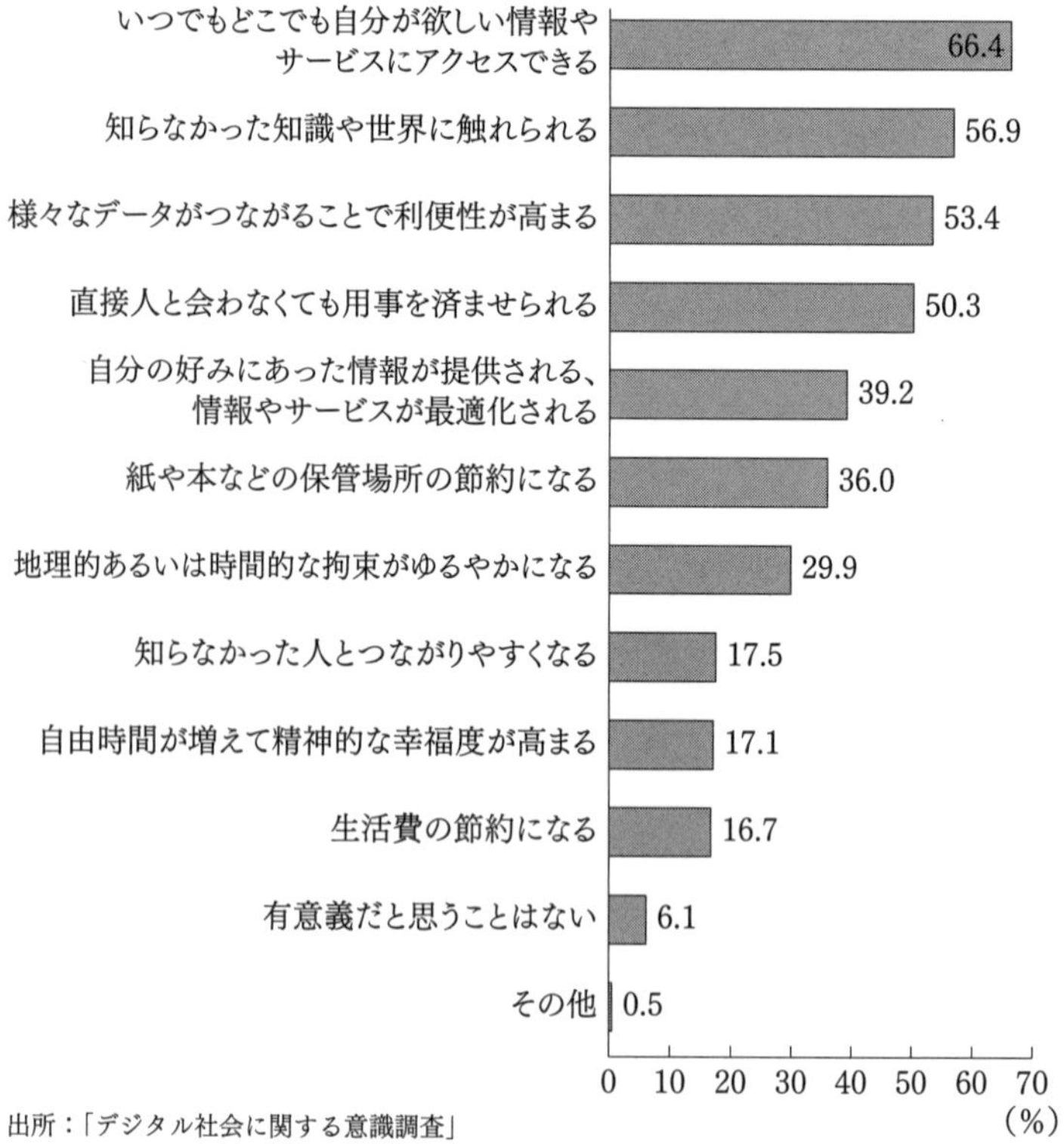

出所：「デジタル社会に関する意識調査」

したい。社会システムと技術システムの統合設計により実現できる未来を常にイメージすることが大切だ。

先ほどの意識調査では、デジタル化について有意義だと思うところと懸念点についても尋ねた。有意義だと思う点については、「いつでもどこでも自分が欲しい情報やサービスにアクセスできる」「知らなかった知識や世界に触れられる」「様々なデータがつながることで利便性が高まる」「直接人と会わなくても用事を済ませられる」の4つの項目が50%以上となった（図5－2）。

暮らしの現実と理想の深掘りから見えてきた人々の〝願望〟を、デジタル活用によってどのようにサポートしていくのかを考える際の参考にしていただきたい。

デジタル化の懸念点については、「自分の情報を盗まれるのではないかという不安がある」との項目が50%を超えた（図5－3）。「何か問題が発生した時のサポート体制に不安がある」が続く。情報漏洩は、デジタル化に関する様々な調査研究で必ず上位に挙げられる懸念点である。個人情報の入ったUSBの持ち帰りや紛失事件の発生が定期的に報じられている。サービスの提供者は、利用者が感じるデジタル化の懸念点について常に認識するようにしたい。

何か質問をしたいときのサポート体制というのも重要な点で、別の質問で「デジタル化の進展についていきたいと思いますか？」「日常生活の中でデジタルツールを含めた新しいものを積極的に使いたいと思いますか？」と尋ねたのに対して、「家族や友人、自治体などが適切なサポートをしてくれるのであればついていきたいと思う」あるいは「身近な人のサポートがあるなら積極的に使いたい」との

図5-3　デジタル化の懸念点

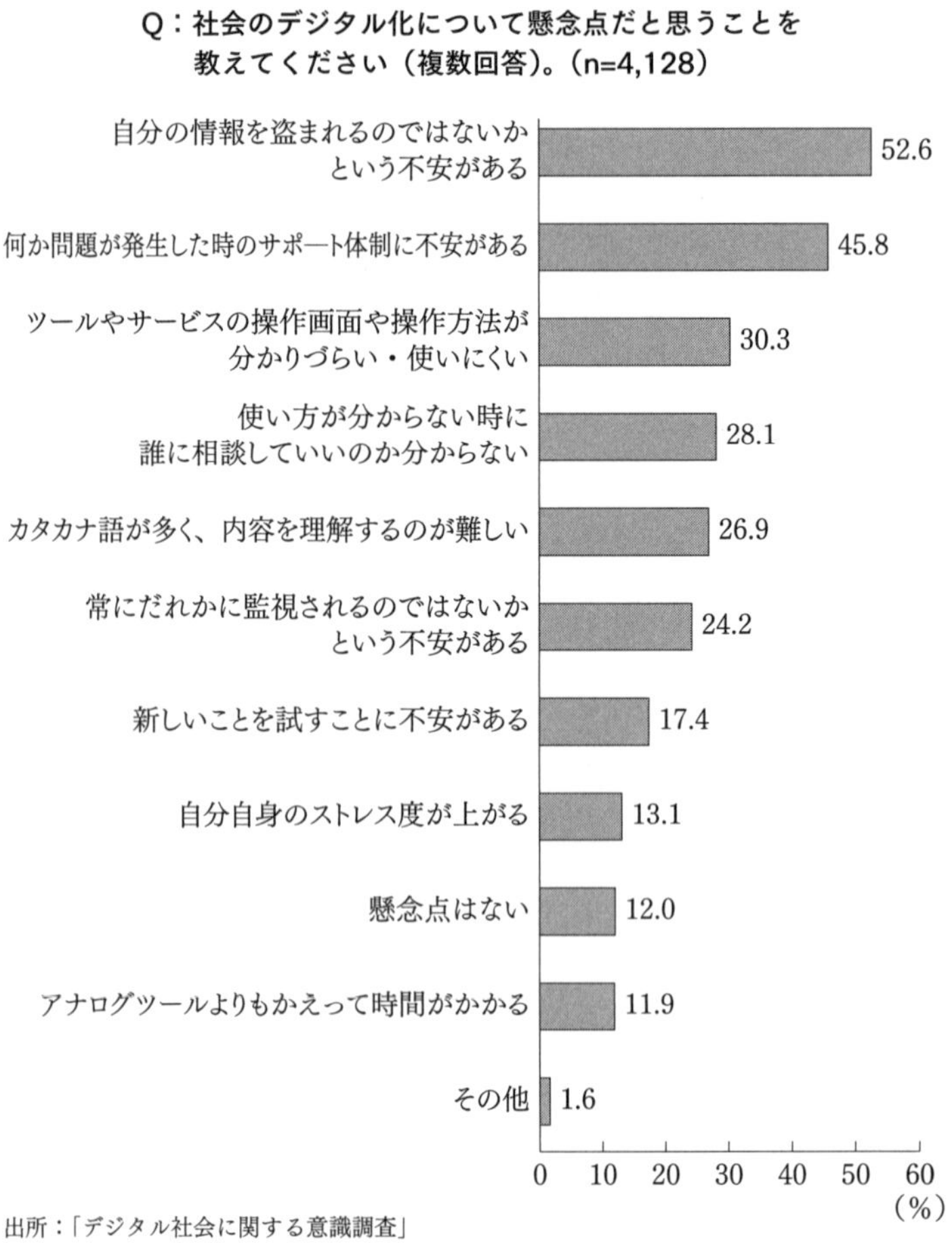
Q：社会のデジタル化について懸念点だと思うことを
教えてください（複数回答）。（n=4,128）
自分の情報を盗まれるのではないか
という不安がある
52.6
何か問題が発生した時のサポート体制に不安がある
45.8
ツールやサービスの操作画面や操作方法が
分かりづらい・使いにくい
30.3
使い方が分からない時に
誰に相談していいのか分からない
28.1
カタカナ語が多く、内容を理解するのが難しい
26.9
常にだれかに監視されるのではないか
という不安がある
24.2
新しいことを試すことに不安がある
17.4
自分自身のストレス度が上がる
13.1
懸念点はない
12.0
アナログツールよりもかえって時間がかかる
11.9
その他
1.6
0
10
20
30
40
50
60
（%）

出所：「デジタル社会に関する意識調査」

答えが一定数あったことも付記しておく。

これらの懸念点を、技術側と社会側の円滑なコミュニケーションと歩み寄りによって克服していくのが、ソシオテクニカル経営の目指す社会システムと技術システムの統合設計につながる。

2 ユーザーの文脈を理解する

パーソナライズサービスと情報利用意向を理解する

情報やサービスを、消費者の文脈に合わせて最適化することによって新しい価値を創造するパーソナライズサービスは、デジタル技術を導入することで単に機械的な目標（効率化）を達成するのではなく、サービスを使う人の人間的な欲求を満たすものでなければならない。

サービスの提供者には、消費者とのエンゲージメントを高めること、消費者の生活の〝質〟がどのように向上されるのかを深く洞察することが求められる。第1章で紹介したデジタルガバメントのニーズ調査では、パーソナライズサービスを「暮らしの状況に応じたサービス」として、このようなサービスがあると良いかを尋ねたところ、8割近くの人が「とても良い」「良い」と答えた（図5－4）。

消費者の文脈を知り、パーソナライズサービスを提供するためには、利用者の個人情報を含むデータを活用しなければならない。個人情報と一言で言ってもその範囲は多岐にわたるため、もう少しかみ砕いた理解が必要だ。例えば、行政サービスに限った話で言うと、年齢、性別、住所などの情報の

図5-4　パーソナライズサービスの利用意向

Q：あなたの暮らしの状況に応じたサービスがあると良いと思いますか？（n=4,129）

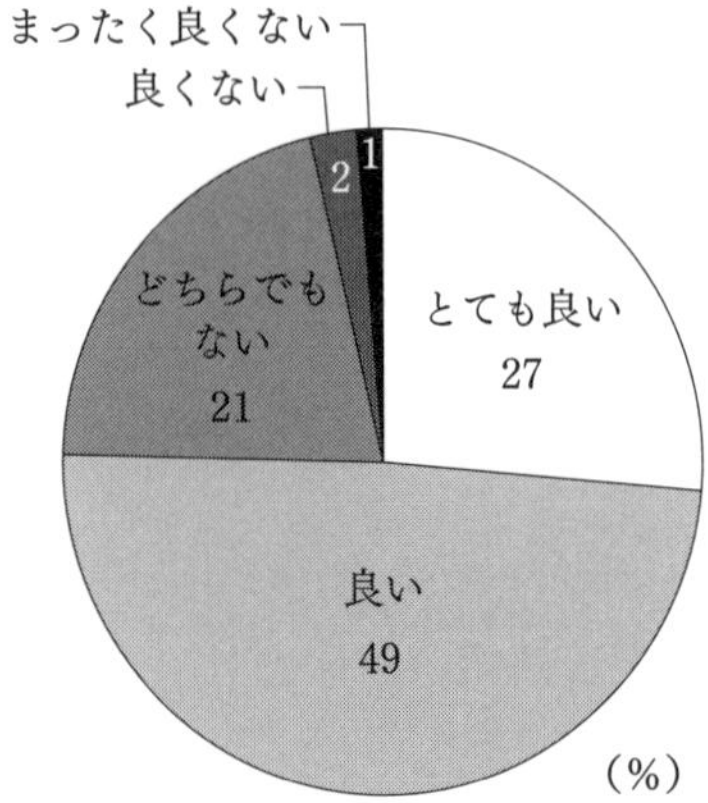

出所：「デジタルガバメントに関する住民ニーズ調査」

活用は、他の情報に比べて抵抗感が低いことが分かっている（図5－5）。

一方、情報の利用に対する抵抗感が強いのは所得や位置情報、病歴などの健康関連のデータのようだ（図5－6）。図5－5の結果でも、お薬手帳、病歴、要介護者の有無、子供の有無、所得、ヘルスデータ、位置情報などの数値が低かったことから、第三者が使用することに抵抗感のある個人のデータには共通する傾向があることが分かる。

図5－5でポイントが低く、かつ図5－6で多く挙げられた（文字の大きな）病歴やヘルスデータ、位置情報、所得、要介護者や子供の有無などの個人情報は、年齢や性別、住所に比べるとよりパーソナルでセンシティブな情報を含有していると考えられるため、その文脈やパーソナライズ化を議論する際にはより一層の注意が

図5-5　自治体がサービス提供の際に使ってもよい個人の情報

Q：行政からデジタルサービスの提供を受けるために、自治体が利用してもよい個人情報はどれですか？（複数回答）。（n=4,129）

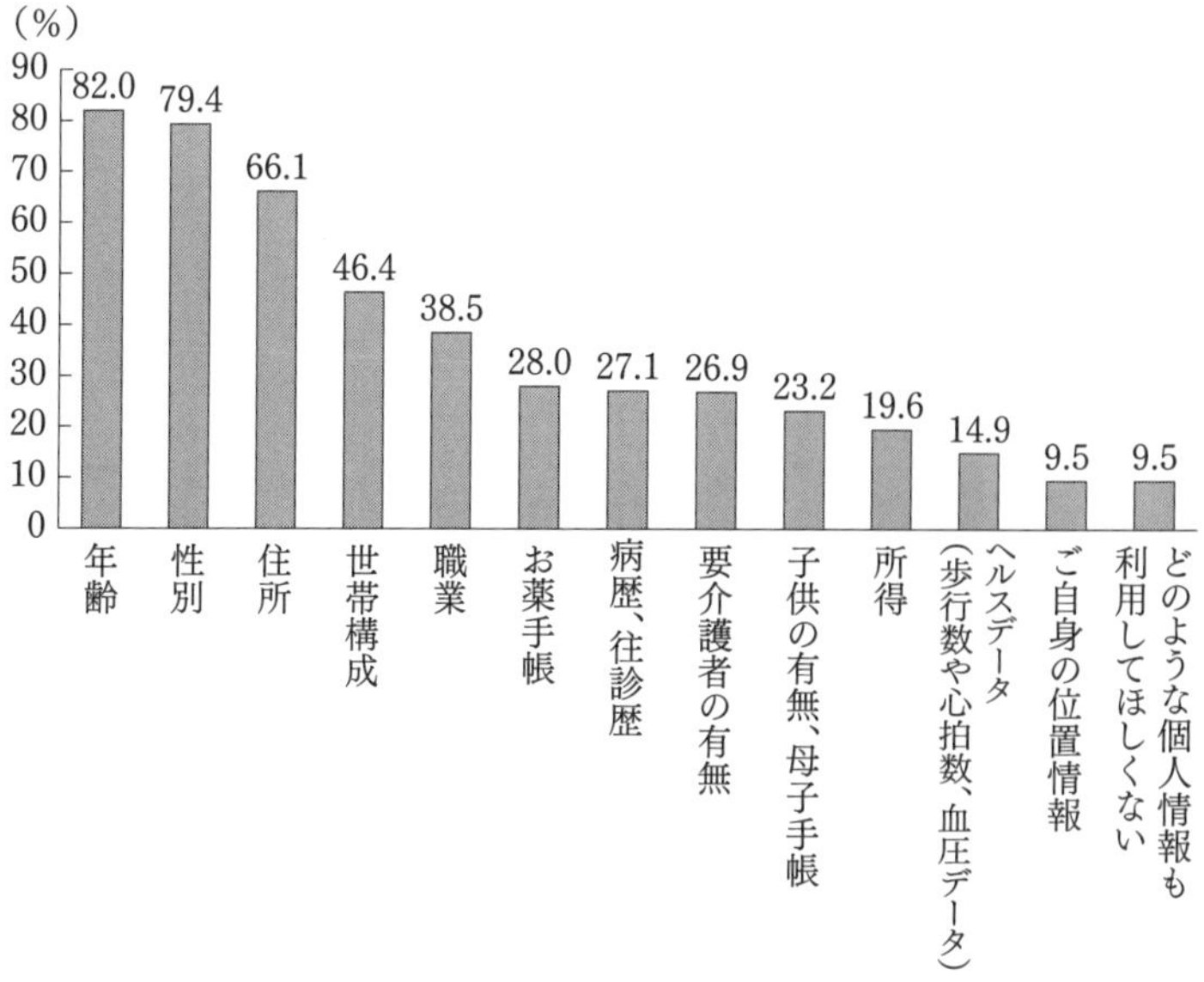

出所：「デジタルガバメントに関する住民ニーズ調査」

必要だ。

このように、〝個人情報〟と言っても、含まれる内容は多岐にわたり、情報の種類によって利活用に関する人々のイメージも様々である（なお、法律上は個人情報とは「生存する個人の情報で、特定の個人を識別することができるもの」とされている）。

本書ではソシオテクニカル経営におけるデータ活用の重要性を繰り返し述べてきた。個人情報の活用と一言で片づけるのではなく、その情報が具体的に何を指しているのかについて想像力を働かせて、消費者の意向をより深いところで理解することがますます重要

図5-6　自治体がサービス提供の際に使ってほしくない個人の情報

Q：行政からデジタルサービスの提供を受ける際、
自治体に使ってほしくない情報を教えて下さい（自由回答）。

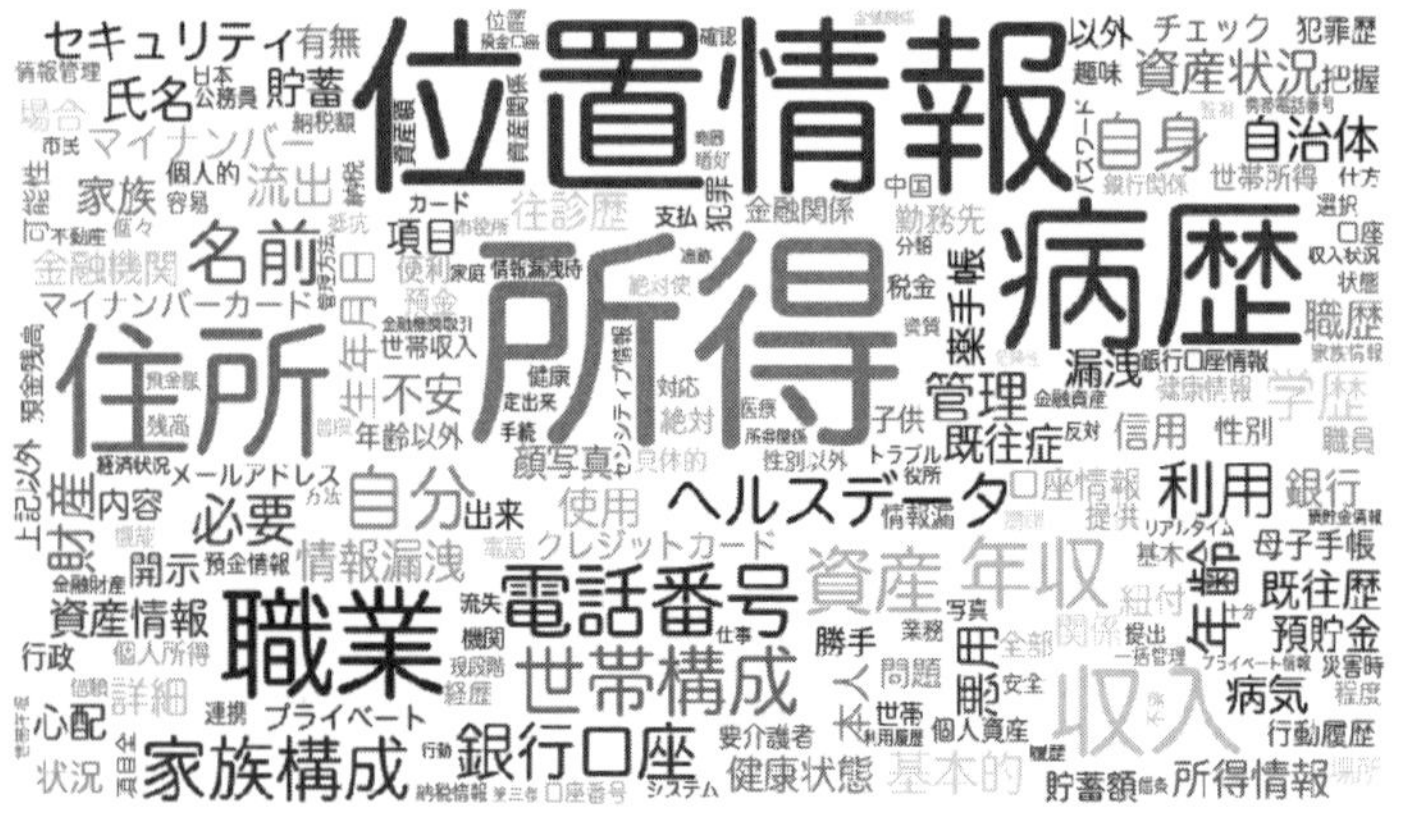

注：文字が大きな項目ほど答えた人の割合が高い
出所：「デジタルガバメントに関する住民ニーズ調査」

になっている。

サービスを使う理由や重視する目的は民間と行政分野で異なる

デジタル社会意識調査では、オンラインショッピングや動画配信、キャッシュレスサービスやSNSを含むメッセージサービスなど、「日ごろよく使っている民間のオンラインサービスを使う理由」について尋ねた。

ここで選択肢として使った項目は、第2章で紹介したテクノロジー受容モデルから作成した。同じ選択肢を使って、「オンラインで提供される行政サービスについてどのような目的のために使いたいか?」という質問を準備して、民間と行政のオンラインサービスの利用理由と目的を比較した（図5—7）。

行政のオンラインサービスは、民間のオン

図5-7　オンラインサービスを使う理由（民間）と重視する目的（行政）

Q：民間のオンラインサービスを使う理由と、行政のオンラインサービスを使う際に重視する目的について教えてください（複数回答）。(n=4,128)

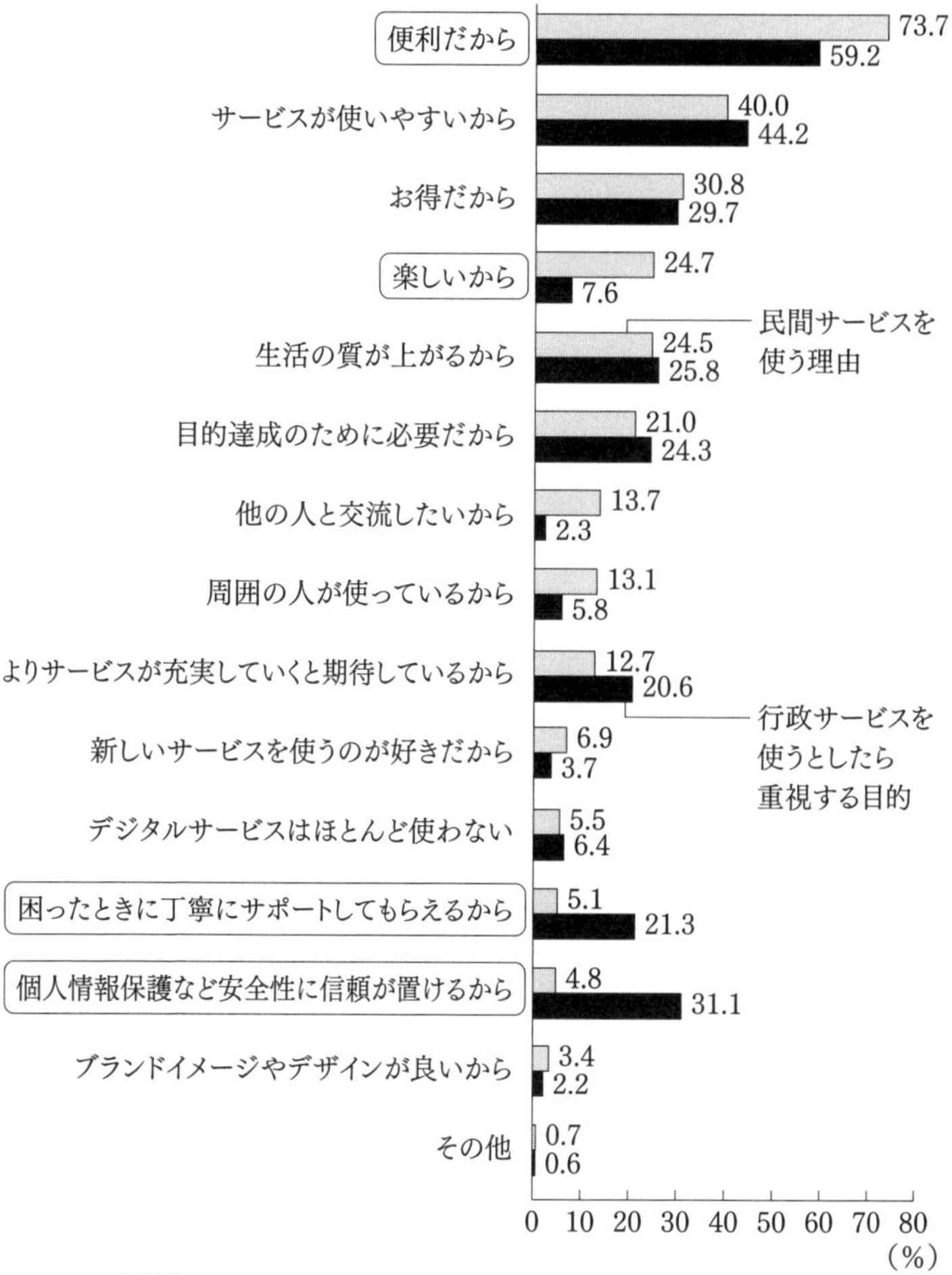

※□の項目は民間サービスと行政サービスで回答が14ポイント以上異なるもの

出所：「デジタル社会に関する意識調査」

ラインサービスに比べて使用頻度が低い（あるいはまったく利用していない）と考えられることから、行政サービスについて尋ねる質問ではサービスを使う理由を直接尋ねるのではなく、使うとしたらどのような目的のために使いたいかという聞き方をした。

「サービスが使いやすい」「お得だから」「生活の質が上がるから」「目的達成のために必要」といった項目は、民間と行政サービスの利用理由や目的でほとんど違いがなかった。民間と行政で最も回答の傾向に違いが出たのが、「個人情報保護など安全性に信頼が置けるから」「楽しいから」「困ったときに丁寧にサポートしてもらえるから」「便利だから」の4つの項目だった。

民間サービスを利用する理由として、個人情報保護などの安全性への信頼や困ったときのサポートと答えた人が少ない一方で、行政サービスとなるとこれらを重視する人が一定数いることは認識しておきたい。民間サービスで重視されている「楽しさ」が、行政サービスではほとんど重視されていないことも興味深い。

テクノロジー受容の考え方にもとづくと、「使いやすさ」と「有用性」は民間・行政サービス共に重視されているが、「楽しさ」の観点は、民間サービスに求められるほど行政サービスでは重視されていないという結論になる。

第3章で紹介したサイバーエージェントの取り組みでは、サービスの使いやすさや楽しさといったUXに徹底的に寄り添う姿勢があった。定量的な顧客リサーチによってUXを構築する際の仮説の精度を上げていく、というコメントがあったことを思い出していただきたい。

ソシオテクニカル経営においては、ユーザーの文脈を深く理解して、社会生活の質の向上に必要なデジタルサービスは何か、人々はどのような考えを持ってそれらのサービスを使っているのかなどを考えたい。あくまで文脈の理解が先であり、技術システムの道具としての目標（データ連携やデジタル活用）が目的にすり替わらないように注意したい。

3 〝信頼〟〝つながり〟〝共感〟などの感情的な側面をデジタルトランスフォーメーションの推進指標に据える

信頼はデジタルパラダイムにおける富の形

ソシオテクニカル経営における価値の源泉となるエンゲージメントは、協働のステークホルダーや消費者との関係性を再構築し、信頼関係を構築するための活動である。ソシオテクニカル経営では社会システムと技術システムの関係性が変化し、統合設計の重要性が高まる。社会システムと技術システムは複数のサブシステムの集合体であるため、社会システムを構成する要素間の関係性、あるいは技術システムを構成する要素間の関係性も変わることになる。

デジタルパラダイムでは、企業と企業のつながり、企業（あるいはサービスやプラットフォーム）とそのエコシステムのつながり、企業と消費者とのつながりなど、社会システムや技術システムを構成する様々な関係性をアップデートすることが新しい価値につながる。

個々人のレベルで見たときの社会関係資本とデジタル活用の関係性について、デジタルガバメント

図5-8　パーソナライズサービスを求める人の特徴

Q：現在、お住まいの自治体が提供していると思うものをお選びください（複数回答）。（n=4,129）

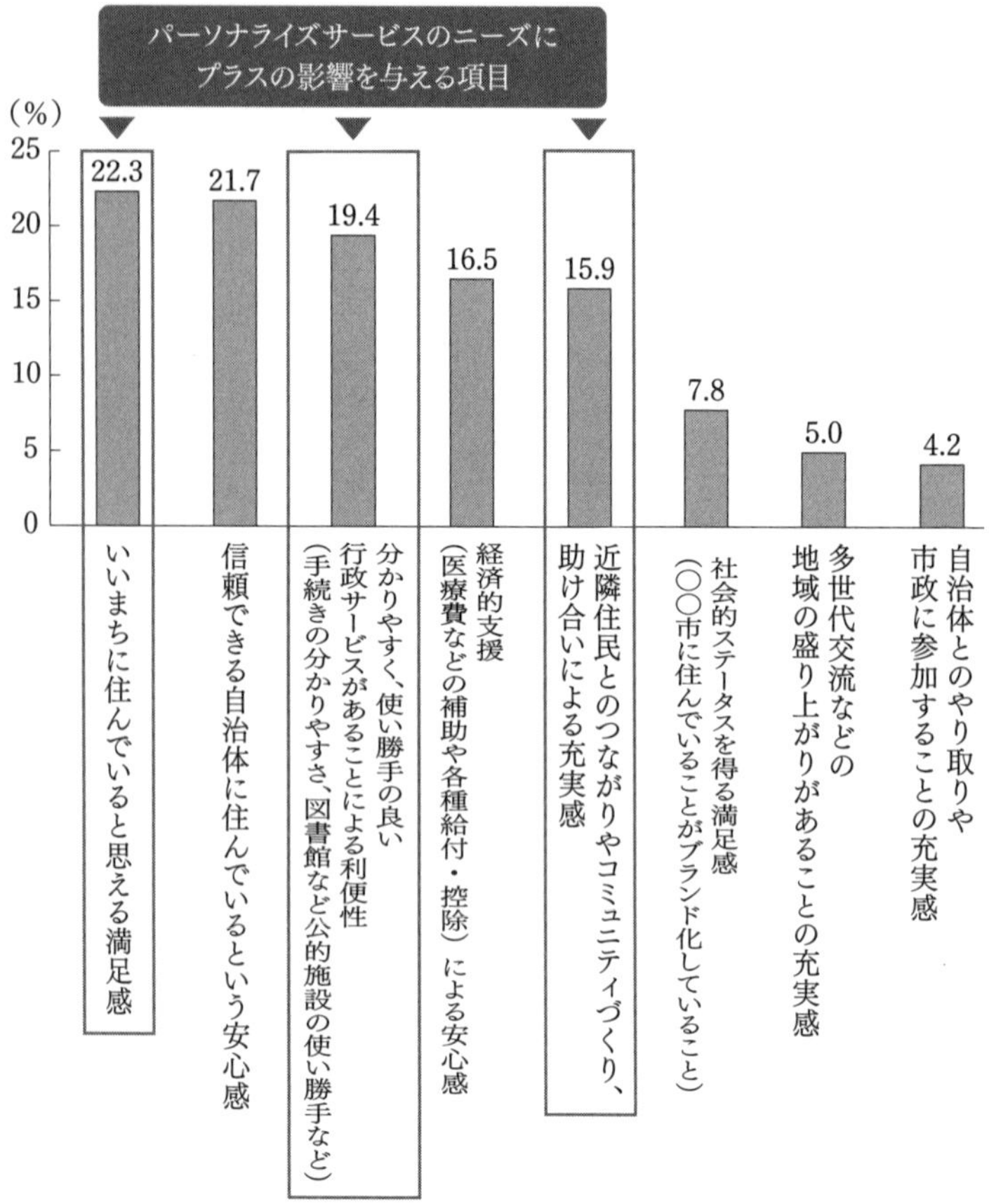

出所：「デジタルガバメントに関する住民ニーズ調査」

のニーズ調査では、自分が住んでいる地域のつながりを重視する人はパーソナライズサービスへのニーズが高いことが分かった（図5―8）。

パーソナライズサービスの提供を受けるためには、自分の個人情報をサービス提供者に共有する必要がある。情報の提供にあたってサービス提供者との信頼関係が必要なことは疑いようがない。

図5―8の質問では、自分の住む自治体が提供していると思う価値について尋ねている。選択肢にある「近隣住民とのつながりやコミュニティ」という文言からも、周りの人々との信頼関係が生活における価値のベースになっていることが分かる。

エンゲージメントの向上やその先にあるパーソナライズ・文脈化は、信頼関係がなければ成り立たないとも言える。デジタルパラダイムにおける富は、それまでの蓄積可能な交換価値（お金など）に代わって、社会活動の中で生まれる信頼の個人的・社会的蓄積になることを理解しておきたい。[3]

人とのつながりや共感がデジタルトランスフォーメーションの推進力になる

この調査では、「自分が住んでいる街に愛着や近しさを感じる時はいつか？」という質問に対して「地域のイベントに参加したとき」と答えた人のデジタルニーズが高いことも分かっている。地域との

3　詳細は國領二郎『サイバー文明論』日本経済新聞出版、2022年。この一文ではサイバー文明＝デジタルパラダイムと置き換えている。

つながりやイベントと言うと、一見デジタル活用との関係が薄い印象があるが、実はこのような取り組みとデジタル活用には親和性がある。

セールスフォース社では、カスタマーの成功が自分たちの成功であるというバリューの下、パートナーと呼ばれるステークホルダーとの価値観の共有やウィンウィンの関係づくり、イベント開催によるネットワーク強化に少なくないリソースを投じている。「みんなでセールスフォースを育てている」という価値観が同社のエコシステムを拡大する推進力となっている。

デジタルトランスフォーメーションは一夜にして華々しく何かを変革する魔法の杖ではなく、このような日ごろの地道な取り組みが、息の長いデジタル活用につながっていくと考えることができる。

〝共感〟を社内の意思決定に取り入れた事例もある。例えばＡＮＡホールディングスでは、ＰＯＣ（概念実証）のプロセスで、決裁権者が提案されたアイデアに共感できるかを案件決定の軸に据えた。[4]それまでの業務プロセス改革では計画の精度や投資対効果が審査の対象になっていたところ、機動性の向上や風土改革を目的として〝共感〟という新しい評価軸を取り入れた。

社会システムと技術システムが有機的につながることで、デジタル活用のアウトプットに求められるＫＰＩも変化する。組織の縦のラインで垂直的にコントロールできるような指標、あるいは単に量的に良し悪しを判断できる指標を評価するのではなく、デジタル活用によって、より人の感情に寄り添うアウトプットが実現できたかどうかを評価する仕組みを作りたい。

日常に楽しさを添える、他者とのつながりにより日常を豊かにする、社会的な経験を積むといったテクノロジー受容モデルが提唱する「社会性」の観点も踏まえながら、サービスのゴールや意思決定プロセスを変革していきたい。

4 組織を変革する

組織変革＝DX部門の新設ではない

新型コロナウイルスが社会活動に影響を与え始めた2020年前後から、企業の中にいわゆるDX推進室を新設する動きが活発化した。新設されたDX推進室は、従来の垂直的で階層的な事業部門の上位に、全体の旗振り役として位置づけられることが多いようだ（図5－9）。あるいはIT部門と並列に位置づけられて、IT部門の社員が兼務の形でスタートするケースが多かったのではないだろうか。

このころ、新設されたDX推進室（あるいはそれと同様の部門）に任命された人たちから、DX戦略あ

4　厚生労働省・実践的なICT人材育成プログラム（デジタルトランスフォーメーション〈DX〉推進リーダー養成プログラム）Day2－DXの実践「ANAグループが実践するデジタルトランスフォーメーション～『人財とデジタルの融合』を目指して～」より。https://www.mhlw.go.jp/stf/seisakunitsuite/bunya/koyou_roudou/jinzaikaihatsu/program_development_text.html#ICT

図5-9　典型的なDX推進室の位置づけ

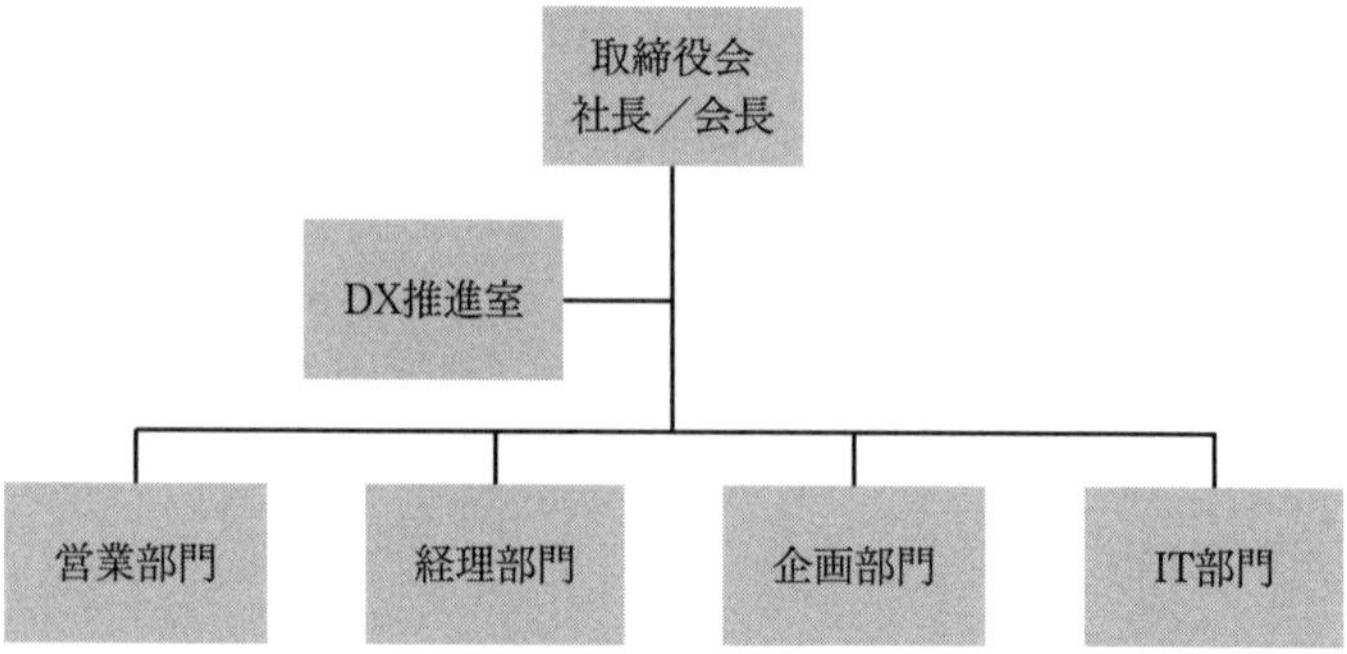

るいはＤＸ計画の作成という仕事を上層部から託されているが、何をどうしたらいいのか困っている、という話を聞く機会が多かった。

ここまで本書をお読みいただいた皆さんであれば、図５－９のような組織体制が、本質的な意味でのデジタルトランスフォーメーションの推進につながらないことがお分かりいただけると思う。図のような体制では、ＩＴトランスフォーメーションの実践にはなっても、デジタルトランスフォーメーションにはならない。デジタルトランスフォーメーションが目指す組織のトランスフォーメーションには程遠い。

先ほど紹介したＡＮＡホールディングスでは、経営企画室にイノベーション戦略チームが新設され、ＩＴ戦略を担当するデジタル変革室と一体となって全社的なイノベーションを目指す体制を取った。経営企画室には利用者との接点を担う各ユーザー部門のスタッフが兼務することで、現場のニーズを逐一確認できる体制が整った。ＡＮＡグループのＤＸ事例については、脚注４で紹介しているウェブサイトで公開されているので、関心があればぜひご覧いただきたい。

ＤＸ戦略作成のために外部コンサルの力を借りて、新しい部署を作る、データサイエンティストを採用するなどの提言をされたが、データサイエンティストを雇って何をしたらいいのか分からない、という話もよく聞かれた。このような話からは、機械学習などの新しいツールやデータ分析など、テクニカルな部分の増強がデジタルトランスフォーメーションであるかのような認識が定着している印象を受けた。

社会システムと技術システムの統合設計のため、利用者に寄り添うための組織変革をしたい

デジタルトランスフォーメーションを推進する組織に必要なことは、本書で述べてきた社会システムと技術システムの統合設計を行うための体制、制度、ルールやコミュニケーション機能の見直しである。ＡＮＡホールディングスの組織変革からは、社会システムと技術システムの融合を円滑に行うための工夫が見てとれる。

真の組織変革にむけて、自社が提供している（あるいは今後導入を予定している）技術システムが人々のどのようなニーズや願いを叶えていくのか、消費者あるいはサービスのユーザーが持つ文脈にどのように寄り添っていくのかを議論する必要がある。このことを議論できるのは自社サービスに精通している皆さん自身だということを強調しておきたい。

デジタルトランスフォーメーションというと、突然降って湧いたようなどこか遠い世界の出来事の

ように感じる方が多いのかもしれないが、デジタル化は日常業務から遠いところに存在するのではない。「新しいものを導入した（あるいは新設した）」という見せかけの結果に惑わされず、ツールやテクニックに偏重しすぎないようにしたい。

利用者に寄り添うための組織変革の観点からは、第3章の事例で指摘されていたように、日本企業にはパーソナライズサービスをサポートする組織が少ないことも念頭に置いておきたい。

マーケティング部門は製品やサービスを「購入」してもらうことを第一の目的として、その後の利用者接点はお客様相談室に代表されるような部門が担うことが多い。カスタマージャーニーにもとづいた利用者接点の分析と、利用者の文脈に応じた情報提供を行える組織づくりを目指したい。

もう一つ、技術システムの内製化についても触れておきたい。日本は欧米諸外国に比べて、いわゆる情報システムのユーザー企業にエンジニアスタッフが少ないと言われている。[5] ことＩＴ案件になると、ベンダー丸投げになる文化の要因（あるいは結果）にもなってきた。

第3章で紹介したサイバーエージェントではエンジニアスタッフの採用に注力し、10年以上の月日をかけてマネジメントの形を作り上げた。セールスフォース社は自社のエコシステムにアプリケーションの開発パートナーを呼び込み、プラットフォームの活性化を図っている。

技術システムの内製化はケースバイケースでどちらが優れているかという問題ではないのだが、いずれの場合にも、サイバーエージェントの掲げるオーナーシップカルチャー（自分たちで目的を決めて、自分たちで推進し、責任をとる文化）が極めて重要になることを付け加えたい。

5 反復的にプロセスを繰り返す

社会システムと技術システムのコミュニケーションを円滑に取りながらプロセスをアジャイルにする

本書では、工業パラダイムの考え方を踏襲したITトランスフォーメーションと、デジタルパラダイムにおける組織や外部環境との関係性の変革を中心としたデジタルトランスフォーメーションの違いに焦点を当て、ソシオテクニカル経営の在り方を議論してきた。両者の違いは、トランスフォーメーションの推進力、対象範囲、手段やアウトプット、組織ガバナンスの目的や方法まで多岐にわたる。デジタルトランスフォーメーションのプロセスで特に着目したい点は、プロセスを〝反復的〟に繰り返しながらアジャイルに機動的に変革を進めていくということだ。

ITトランスフォーメーションでは高品質な製品をコンスタントに生み出すため、一定のコントロール下で何度もテストを行って完成度を高めていく。デジタルトランスフォーメーションでもサービスを世の中に送り出すまでにテストを繰り返すことは同じだが、世の中に出た後にもアップデートが繰り返される。

サイバーエージェントではアップデートの回数をデリバリー品質と呼んで重視していることは先に

5 『令和2年度経済財政白書／経済白書』第4章より。

図5-10　ITトランスフォーメーションと
デジタルトランスフォーメーションにおける緊張の所在

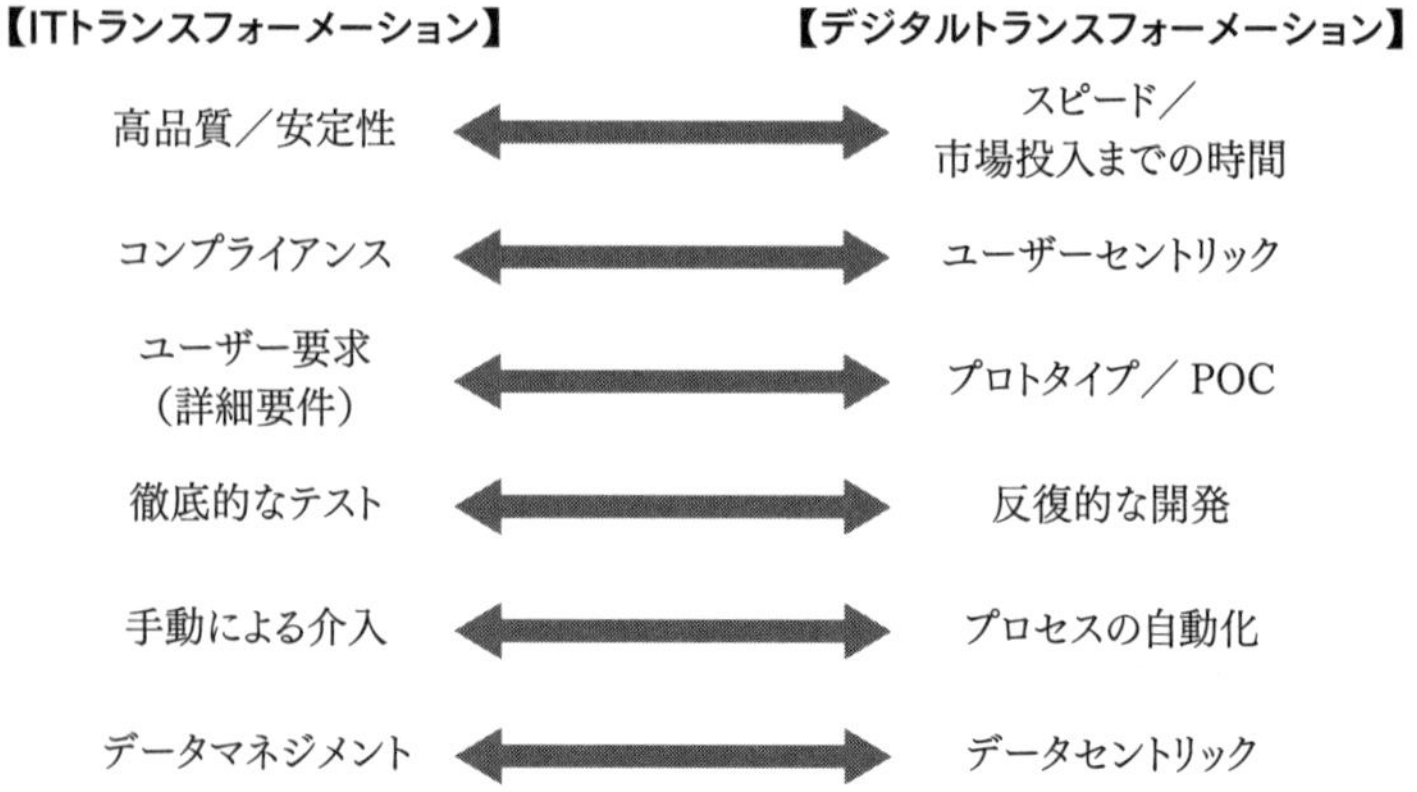

出所：Wade et al.（2022), p.73[6]をもとに筆者作成

も触れた通りだ。ここに社会システムと技術システム間、あるいは技術システムの中でのコミュニケーションの重要性がある。共通のデザインプリンシプルに沿って、軸をぶらさず反復的な開発のなかで完成度を高めユーザーとのエンゲージメントを図っていくのが、デジタルトランスフォーメーションが目指す組織のあり方となる。

この考え方を、ＩＴトランスフォーメーションとデジタルトランスフォーメーションの間の緊張関係の観点で整理してみると興味深い（図５－10）。緊張関係というと分かりにくいかもしれないが、ＩＴトランスフォーメーションとデジタルトランスフォーメーションそれぞれで重視される評価項目と読んでいただければ幸いだ。

両者はどちらか一方が大事という二者択一の関係ではなく、重要度の度合いを示す。上から４つ目の項目に「徹底的なテスト」と「反復的な開発」とある。デジタルトランスフォーメーションにおいては、製品の開発から市場への投入までは一直線のプロセスではなく、どの工程であっても反復的なアジャイルプロセスが求められている。

失敗と学びを次につなげる文化を創る

反復のプロセスという考え方からは、組織内で失敗を許容する文化、あるいは学び続ける文化の重要性が分かる。失敗を許容するというよりは、学び（教訓）を次につなげると言った方が正しいかもしれない。第3章で紹介したデジタル時代に求められる組織文化では、外部から学ぶ力や（相談事などを）聴く力の重要性がこれまで以上に問われていた。

ここで、社会システムと技術システム間のコミュニケーションを円滑にするための組織文化について、改めて考えていただきたい。サイバーエージェントでは自身が主体的に行動したかどうかを評価するオーナーシップに加えて、他の人のチャレンジをフォローできたかを問うフォロワーシップの軸を評価のフレームに取り入れ、若手の育成につなげている。フォロワーシップの考え方は、失敗や学びを次につなげるという観点で非常に重要だ。

失敗してもいいので新しいことに挑戦することができる心理的安全性の確保の話や、日進月歩の技

6 Michael Wade, Didier Bonnet, Tomoko Yokoi, and Nikolaus Obwegeser (2022), *Hacking Digital: Best practices to implement and accelerate your business transformation*, McGraw Hill.

術をうまくサービス開発につなげるためのリスキリングセンターの設立など、組織文化の観点から参考にしていただきたい。

デジタル庁が推進しているベース・レジストリ構築事業の一環である、「事業所」ベース・レジストリのデータベースパイロット構築・検証事業の入札公告が、２０２２年の春に一部中止となったことが話題を呼んだ。この理由について、４月26日の大臣記者会見から該当部分を引用する。[7]

〝「事業者」のデータ整備に関しても、政府共通事業者ＩＤのＧビズＩＤに係るデータ整備や、当該データとベース・レジストリたる商業登記との連携等の制度的検討など、各省庁が保有する情報を集約して共通データベースを構築することよりも、先に検討するべき問題が存在しているということが判明いたしました。後年度の運用コスト等も発生する共通データベースを現時点で構築することは適切ではないと判断して、公告を中止するという判断をしたものでございます。〟

入札公告の中止という判断について、従来の霞が関であれば課題があっても進めていただろうから英断だという意見、デジタル庁には各省庁の調整役は担えないのではないかという意見、様々な意見があったようだ。

デジタルトランスフォーメーションが重視する反復性の観点からは、この判断をどのように次のアクションにつなげていくのかが重要となる。大切なことは、データセントリックな世界を作るというゴールをぶらさないことなのだ。第4章で述べた通り、データセントリックの基盤づくりには10年単位の時間がかかることを認識したい。そのための第一歩を踏み出すのに遅すぎることはない。

6 多様性を持ったグループを作る

多様性を持ったグループが良いアウトプットを生む

日本人選手の活躍もあり、連日アメリカのMLB（メジャーリーグ野球）をご覧になっている方も多いと思う。2021年シーズンの最優秀監督賞にナ・リーグから選ばれたジャイアンツのゲーブ・キャプラー監督は一時期日本で活躍していたことでも有名だが、球団運営に〝多様性〟を取り入れることに積極的な監督として知られている。

キャプラー監督が創設したパイプライン・フォー・チェンジ（Pipeline for Change）財団は、スポーツの世界で多様なバックグラウンドを持った人が活躍できる、そして多様な声が意思決定プロセスに組み込まれる世界を目指している。キャプラー監督は財団運営の背景にある自身の考えについて次のように語っている。[8]

7　デジタル庁ホームページより。https://www.digital.go.jp/news/minister-220426-01/

8　Good Tidings Podcast：ゲストGabe Kapler、2022年3月1日配信分より。

「多様性を持った意思決定グループが、より良いチームであると信じている。より多くの声や主張を意思決定のテーブルに乗せることでより多くのゲームに勝つことができる。これはコミュニティ内に有色人種・女性・LGBTQ+が存在するかを尋ねるボックスにチェックを入れる訓練ではない。私たちはより良い組織運営につなげるために多様性が必要であり、その結果として世界はより良くなるだろう」

このストーリーは、ソシオテクニカル経営のデザインプリンシプルである協働やエコシステムについて考えるうえで参考になる。キャプラー監督は、ジャイアンツの女性コーチについて「女性だから登用したのではなく、彼女が組織運営において高いスキルを持っているから」とも語っている。

多様な人々との協働で活躍できる組織や人には思考の柔軟性がある。「自分の組織はこうだから」と固執していると、異なるバックグラウンドを持った人と前向きな協働関係を構築できない。例えば、国際会議やイベントなどで日本人だけでグループを作って他国からの参加者と交流しないという光景を見かけることがある。自分たちは自分たちだけでまとまっていればいいというメッセージを、自分たちは意図していないまでも他の参加者に暗に発信していることがある。

これはあくまで学術研究のなかでの話だが、日本のIT化に興味があって学会などで共同研究先を探していたが、相手が見つからず、共同研究先を中国で見つけたという話をイタリア人の同僚から聞いたことがある。

多様な人がテーブルにいる時には、自分たちが持つ〝前提条件〟で物事を進められないので、共通して同意できるような言葉使いや説明の仕方を工夫する必要がある。特に日本は島国で、〝暗黙知〟や〝阿吽の呼吸〟〝空気を読む〟という表現がある通り、その場に流れる前提条件が分からない場合には会話の内容を理解することが難しい。

第3章で紹介したように、デジタルトランスフォーメーションを実践する組織には、「多様性融合力」や「聞く力」が求められる。デジタルトランスフォーメーションは組織外部のプレイヤーとの関係性の変革を伴うものであるため、内外の協力者を得るためのコミュニケーション能力が問われることになる。

先に出てきた共感力は、多様性融合力の鍵となるものだ。他者との共感を育む過程では、多様なバックグラウンドを持った人との対話力やネットワーク構築力が重要になることを覚えておきたい。

すべての人がオーナーシップを持てる環境づくりを

本書で紹介した事例の中で、多様性を育みより良いアウトプットを生み出すためのヒントとなるのが、サイバーエージェントのオーナーシップ精神や裁量付与の取り組みと、セールスフォース社が掲げるカスタマーサクセスの考え方だ。

第4章で紹介したモジュール化というデザインプリンシプルは、すべての人にオーナーシップ精神を持ってもらうための仕組みと言い換えることもできる。すべての人がオーナーシップを活かせる仕組みを作ることで、創発が生まれる。ソシオテクニカル経営に必要なアジャイルとレジリエントの実現につながる。

多様性を活かすためにモジュール化があり、要素間のつながり方のルールを定めるアーキテクチャが重要なことはこれまで繰り返し述べてきた通りだ。

カスタマーサクセスは、他者（社）の幸せ（成功）は自分の幸せ（成功）という考えだ。先にも述べた通り、異なる組織や主体がウィンウィンの関係を構築するために必要な観点である。協働の原則は、競争ではなく共創（Co-creation）にある。共創とは、多様なバックグラウンドや意見を持った人や組織が同じゴールを目指していくプロセスのことで、社会やシステムがレジリエントになるために必要不可欠なものとされている。

共創を目指す道のりは多様な意見と向き合うことでもあり、時には時間がかかったり面倒なことも起こり得る。ただ、単に効率化を目指すプロセスや垂直的なコントロールの下では多様性は活かされず、オーナーシップ精神が生まれないことは肝に銘じておくべきだろう。工業的発想によるコントロールの下では均質や平均といった価値観が重んじられ、それに当てはまらないものはそぎ落とされてしまう。

デジタルトランスフォーメーションで目指すのは、生活の質の向上である。社会の多数が「幸せ」「豊か」と感じる均一的なものさしではなく、一人ひとりが豊かな生活を送るための多様性を尊重したい。多様な組織や人々と共にデジタル活用の果実を創出し、社会全体に還元する循環の仕組みを作りたいところだ。

7 クラウドに引っ越す時がトランスフォーメーションのチャンス

複雑な社会システムの多様なニーズを価値に変えるためのデジタル活用

ソシオテクニカル経営が目指す多様な幸せやニーズに応えるためには、第4章で紹介したデータの資源化が重要になる。セールスフォース社が採用するシングル・ソース・オブ・トゥルースは、真に正しいデータは一つという考え方だ。ソシオテクニカル経営的に解釈するならば、ユーザーや消費者とのインタラクションを、この考え方をベースに行っていくことが大切だ。

デジタル活用によってユーザーの多様なニーズを価値に変えている例として、プリンスホテルの取り組みを簡単に紹介する。[9] プリンスホテルでは、これまでの企業活動で蓄積した様々なデータの価値を利用者に還元し、各個人の利用にも役立ててもらうことを目的として、データの一元化と共有によるパーソナライズサービスの提供を行っている。

宿泊者が何度かホテルを訪れている場合、その宿泊者の過去の宿泊データを社内で見える化し共有して、宿泊者が欲しいであろう情報やサービスを提供する。ホテルの利用者が最寄りの駅に着くと、

9 (株)セールスフォース・ジャパンのYouTubeチャンネル【お客様事例－ホテル業界】プリンスホテルより。https://www.youtube.com/watch?v=qKq0g2o7haA

送迎バスの時間などをリアルタイムでお知らせする。利用者はアクティビティについてデジタルコンシェルジュに相談することができる。

客室に着いた後も、何かをリクエストするのに電話だと言いにくい人のため、チャットでリクエストを受け付けられるようにしている。デジタル活用によって利用者との接点を増やし、利用者の文脈に寄り添ったサービスを提供しているのが印象的である。

ホテルにチェックインする際にも、以前泊まったことのあるホテルであれば宿泊者名簿を自動で作成してくれると嬉しい。こうした対応は、シングル・ソース・オブ・トゥルースがベースにあればこそ可能になる。ホテルに「泊まる」行動を機械的にサポートするのではなく、そこに滞在している時間をより豊かにするためにも多様なニーズに寄り添ったデジタル活用を目指したい。

ソシオテクニカル経営に柔軟性を与えるのはデータセントリックな設計

シングル・ソース・オブ・トゥルースの実施にはいくつかの方法がある。第3章では、サイバーエージェントが採用するシステムのヘッドレス化という考え方を紹介した。ユーザーの情報が格納される基幹システムとフロントアプリを切り離すことでフロントアプリの機動的な開発が可能になる。乱立するシステム間のデータを仮想的につないで一つのデータベースに見せる方法は、多くの企業で採用されている。

第4章で紹介したデジタル庁のベース・レジストリやデンマークのベーシックデータの整備は、仮想的なデータベースを構築するのではなく、データを標準化することでシングル・ソース・オブ・トゥルースを実現しようとしている。この方法には大きな労力と長い年月がかかることは、既に述べた通りだ。

データ標準化のプロセスが完了するのを待っていると迅速なシステム開発ができないので、ひとまず仮想的にデータをつなぐことを選択する企業が多いことには納得感がある。ただ本来のデータセントリックの考え方と、その基盤をベースに実現する長期的な消費者とのインタラクションを重視するのであれば、やはりデータの標準化は避けて通れない道であることを強調しておきたい。データの標準化が正しく行われれば、システムやアプリケーションの共通化は必要ないことも既に述べた通りだ。

データ標準化を検討する時期としては、クラウドへ引っ越しする時が適切かもしれない。最近は、クラウドに移せばデータが安全に守られると考える企業の方も増えているようだが、クラウドを使う側にも適切なリテラシーやデータコントロールの考え方が求められている。思ってもいないケースにつながらないように、使う側の意識も高めたい。

データ標準化は、消費者へのサービスだけでなく、働く人の仕事を楽にすることにも寄与させたい。複数のアプリケーションでデータの標準化をすることで、再入力などをなくすことができて、仕事が楽になる。第4章で紹介した国のIT戦略3原則のうち「ワンスオンリー」については、企業や行政内部でも徹底したい。デジタル活用に関わるすべての人の幸せをサポートするための技術システムの設計が、トランスフォーメーションにつながる。

データセントリックは、技術システムに柔軟性（既存部品の組み合わせ・連携の容易さ）を持たせることでこのような世界観を支えるものだと理解したい。

8 「問い」を立ててストーリーを作る能力を身に付ける

学術研究の方法論も役に立つ？

現代は、社会システムが内包する複雑系について理解し、課題から考えてテクノロジーを組み立てるのが大事な時代だ。ソシオテクニカル経営の「ＷＡＮＴＳ」やユーザーの文脈を整理して他者の共感を得るためには、ストーリーを構築する力が必要になる。ストーリーを構築する力には、課題設定能力も含まれる。これらの力について理解するために、学術研究の方法が役に立つのではないかと考えている。

第３章で紹介した「自治体ＤＸ調査」では、デジタルトランスフォーメーションを推進するために個々人が身に付けたい能力として、アンテナを広く外の情報を集めて積極的に業務に取り入れていく情報収集力、自ら課題に気づく問題設定力、収集した情報やデータの分析力、客観的事実やデータにもとづく観察力（エビデンスベースドとも言われる）、他者への説明力があることが分かった。実はこのような能力は、研究者が日常的に訓練しているものでもある。

まず、課題を定義して「問い」を立てる。「問い」には、いくつかの種類がある。未来志向の問いであれば、必要なアクションを探索するためのＨｏｗやＷｈａｔの問いかけとなり、過去を振り返るのであれば、設定した課題がなぜ発生したのかを分析するＷｈｙの問いかけとなる。問いの立て方次第で思考の方向性が分かる。

「問い」の背景には課題がある。課題を整理して、なぜこの課題が重要であるのかを客観的なデータを分析しながら根拠付けていく。

「問い」を立てた後は、「問い」に回答するためのデータを得る行動に移る。アンケート調査、サーベイ調査、フィールド調査、アクションリサーチなど様々な手法があり、手法ごとに作法がある。

取得したデータ（調査結果）を整理・分析して、「問い」に対する答えを導き出す。答えは一つとは限らないが、少なくともどのような根拠にもとづいて答えが導き出されたのかを他者に説明できるようにする必要がある。

他者に自分の主張を展開して納得してもらうプロセスを、英語ではメイクセンスと言う。経営情報分野のトップジャーナル（採択率が10％前後の学術論文誌）の編集長を務める香港市立大学の先生は、「研究者にはメイクセンスの能力がとても重要」とよく言っている。研究者が論文を書く時には、問いを立て、ストーリーを考え、過去の研究でその問いがどのように議論されているのかを調べ、データを集めて問いに対する答えを議論する。

課題から技術システムを構想する

ビジネスの現場で学術論文を執筆する必要はないのだが、メイクセンスの能力はデジタルトランスフォーメーションの推進にも役に立つはずだ。つまり、自分の意見や経営の「WANTS」やユーザーの文脈をアウトプットして、他者との議論のテーブルに乗せる、相手の共感を得る、または意見をもらってブラッシュアップすることは、ソシオテクニカル経営の推進を後押ししてくれるだろう。「デジタル技術を使って何をどうしたらいいのか分からない」溝にはまってしまった時は、改めてこの手順で見直してほしい。考えることが目的ではなく、アウトプットして他者からフィードバックを得ることが大切なので、ぜひアウトプット＝主張やメッセージを作って他者に説明すること、に重きを置いていただきたい。誰かに説明する過程で主張やメッセージが研ぎ澄まされていくのは、学術の分野でもよくある光景である。

主張やメッセージが研ぎ澄まされていくプロセスには〝議論〟が存在する。議論とは、自分の考えを述べて他人と論じ合いながら結論を導くことを意味する。日本人は議論が苦手とはよく言われるが、新型コロナ禍を経て、議論の機会が減ってしまったのではないかと危惧している。以前であれば研究室や教室や貸会議室に集って多様な意見を戦わせるような場面も、新型コロナ禍で創発的な議論が生まれにくいオンライン会議が主流になった。

社会人教育なども手軽にオンラインで学べる機会が人気で（例えば5分でデジタルトランスフォーメーションを学べるというeラーニングコースなど）、議論のための労力、お金、時間をかけにくい状況になっている。学術研究で培われた様々な方法論を社会のごく一部で深めるだけではなく、経営やビジネスの現場にも活かしていきたい。そのためにも、課題や問い、結論に至るまでのプロセスを議論したり、議論の結果をブラッシュアップできる機会の充実が必要だと考えている。

これらの能力を日ごろ意識的に訓練し自分の血肉としたうえで、皆さんなりのソシオテクニカル経営のアーキテクチャを設計し、技術システムと社会システムのデザインプリンシプルを構想していただきたい。

あとがきに代えて　多様性を活かすためのソシオテクニカル経営

1　レジリエントに必要なのは共通性と多様性の両立

多様性という言葉は、古くて新しい響きを持った言葉である。多様性は英語でダイバーシティ、今では流行り言葉のようによく使われているが、言葉そのものは随分前からある。SDGsがインクルージョン（社会的包含性）という考え方を打ち出して以降、多様なバックグラウンドを持った人たちが共に持続可能な社会を作り上げる観点から、ダイバーシティ&インクルージョンという表現がセットで使われることが多くなった。

筆者らが経営情報の観点から〝多様なニーズ〟の重要性に気がついたのは、東日本大震災が起きた11年前だった。ソシオテクニカル経営のゴールを、人々の多様なニーズやウェルビーイングの充足と位置づけたきっかけとなった出来事であったため、本書の最後に少し補足したい。

地域ごとに異なる状況や、時間の経過とともに変わっていく現場のニーズに、「技術システムはどのように応えていくべきなのか?」という課題を突き付けた事例である。

東日本大震災は、被災地域が広範囲にわたったこと、想定外と呼ばれた現象が長期間続いたこと(特に電力供給や通信回線の遮断による影響)が、人々が日常生活に戻る道のりを困難なものにした。生活再建を支援する自治体の現場では、住民の安否確認や避難所の開設・運営、支援物資の管理など、突発的に発生する多種多様な業務に追われていた。

当時の事前の想定では、災害発生後の自治体の業務は、国が無償配布する被災者支援システムと呼ばれる共通システムの活用によってサポートされるはずであった。

ただ現実は、いくつかの理由でこのシステムは当初の想定通りに使われなかった。被災したそれぞれの地域で別々のニーズや仕事のやり方があって、エクセルやアクセス、あるいはオープンソースのソフトウェアを活用しながら自分たちのニーズに沿ったシステムを自分たちで開発して業務にあたる光景が散見された。

第4章でも触れたが、現場では避難所の名簿管理や生活再建の相談に訪れる住民の方とのやり取りを記録する仕組みが開発されていった。共通システムを活用した自治体では、自分たちの仕事のやり方に合わせる形で改修を施したうえで使う例が見られた。

それぞれの現場で同様の仕組みが個別開発され活用されたことで、その場のニーズに迅速に対応することができた。一方、後々データの正確性を確認したいとき、あるいは自治体が持っている登録情報との突き合わせをしたいときに課題を残すことになった。

個別開発された情報システムはデータセントリックな構造になっていなかったため、AのシステムとBのシステムに登録された「佐藤さん」が同一人物なのかを特定するのに時間を要してしまった。人の情報に限らず、場所の情報（例えば側道の木が倒れて通れなくなっている道路の場所を示す情報）や物の情報（例えば全国から送られてくる支援物資）の管理で同じ現象が起きた。

この出来事をきっかけとして、それぞれの地域で発生する多様なニーズに応えることを前提としながら、システム全体がよりレジリエントになる仕組みについて考えるようになった。

一つの共通的なソリューションでは現場のニーズに応えられない。一方で現場開発だけを認めてしまっても、全体として最適な形にならない。第1章で紹介したデザイン思考の全体思考「木ではなく森を見る」の実践にならない。システム全体がレジリエントになるためには、多様性を活かすための共通性が必要という結論に達した。

多様なニーズに応えるために必要な共通性というのが、ソシオテクニカル経営におけるデザインプリンシプルである。本書では、エコシステム、エンゲージメント、文脈化、モジュール化、そしてデータセントリックの考え方を紹介した。

東日本大震災や新型コロナウイルスは、技術側の仕組みと社会側のニーズの統合設計の難しさを私たちに突き付けた。同時に、技術システムを使う社会システムの文脈をよく理解したうえで統合設計を行うべきという、トリスト以来のソシオテクニカルの考え方の重要性を改めて認識するきっかけにもなった。

2 誰一人取り残されないデジタル社会の実現

これまで、デジタル社会意識調査やデジタルガバメントのニーズ調査結果などを紹介する形で、デジタル社会に生きる人々の「文脈」に迫ってきた。最後に、デジタル社会意識調査の結果をもう少し紹介したい。「現在のオンライン化・デジタル化の進展についてどう思いますか」という質問への回答から、「誰一人取り残されないデジタル社会」とはどういうことかを考えてみよう。

この質問では、現在のオンライン化・デジタル化の進展について、①良いと思いますか、②関心がありますか、③自分はついていけていると思いますか、の3つの軸から尋ねた（図5－11）。回答は「そう思う」「少しそう思う」「どちらでもない」「そう思わない」「全くそう思わない」の5つから選択してもらった。

①良いと思いますか、②関心がありますか、に対する回答の傾向はほぼ同じだったが、③自分はついていけていると思いますか、に対する回答は少し異なる特徴を見せた。

①良いと思いますか、②関心がありますか、に対しては、「そう思う」「少しそう思う」と答えた人が7割前後で、「どちらでもない」が2割、「そう思わない」「全くそう思わない」が合わせて1割前後という結果だった。③自分はついていけていると思いますか、に対しては、「そう思う」「少しそう思う」と答えた人が5割程度で、「そう思わない」「全くそう思わない」が3割程度となった。「どちらで

図5-11　デジタル化・オンライン化の進展に対する捉え方

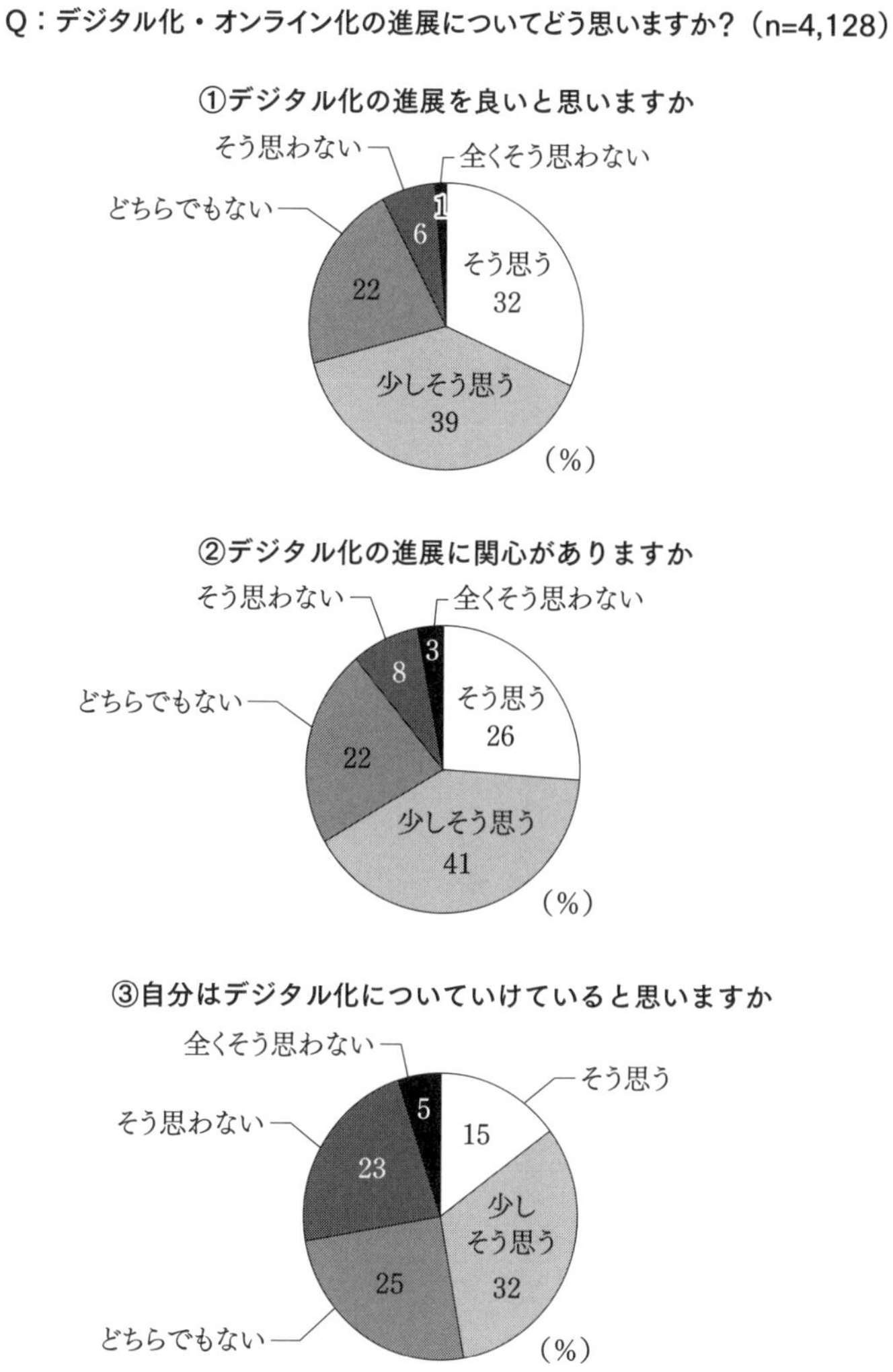

出所：「デジタル社会に関する意識調査」

もない」と答えたのは、先の3つの質問と同じ2割だった。

この結果を極めてシンプルに捉えると、デジタル化の進展にポジティブな回答を持っている（良いと思う／関心があると答えた）人のうちおよそ2割の人が、一方で自分はデジタル化についていけていないと感じていることになる。この調査はオンライン調査であり、回答者はインターネットに接続する何らかのデバイスを持っている。自分でデバイスを保有していなくても、貸出用や家族所有のものを使い、何らかの形で一時的に使用している。

オンライン調査であっても、3割の人がデジタル化の進展に自分がついていけていないと感じていること、1割の人はデジタル化の進展を良いとも思わず、関心もないと答えていることをしっかりと認識する必要があるだろう。

この質問への回答の傾向を見てみると、男性よりも女性の方が、〝自分はデジタル化の進展についていけていない〟と答える人が多く、女性の30代以降、40代50代をピークに「（ついていけていると）思わない」の回答が増える。女性の60代、70代でこの割合が少し下がって、80代になると再び上昇するという傾向があった。

筆者がこれまで実施した調査からは、世間一般に言われているデジタルデバイド＝高齢者という図式が必ずしも当てはまらない結果が明らかとなっている。「誰一人取り残されないデジタル社会」の実現のためにどのような人々をサポートするべきなのかについて、今後より深い分析と理解が求められているだろう。

3 デジタルトランスフォーメーションの果実が全体に還元される社会へ

デジタル技術の進展は時代の流れであり、特に技術側の進化のスピードを止めることはできない。技術システムの進歩は私たちの生活を便利に、より豊かにした。デジタル社会意識調査でも、デジタル化の有意義な点として、6割前後の人が「いつでもどこでも自分が欲しい情報やサービスにアクセスできる」「知らなかった知識や世界に触れられる」との項目を挙げた。

その一方で、第2章で紹介したような情報社会のダークサイドや、デジタル化の懸念点も存在する。調査では懸念点として最も多くの人が「自分の情報を盗まれるのではないかという不安がある」と答えている。

社会システムと技術システムの統合設計によって、デジタル活用の果実を社会全体に還元したい、というのが本書でソシオテクニカル経営について論じている理由である。ダークサイドや懸念点があるからといって社会システム側の進化の歩みを止めることなく、デジタル時代に適したものとして再設計する必要性について述べてきた。

はじめに述べたように、多くの人がデジタルトランスフォーメーションについてある種の戸惑いを感じているようだ。デジタルトランスフォーメーション＝効率化、あるいはツールの導入や組織の新設という方程式が広く認知されるようになり、ＳａａＳさえ導入すれば、あるいはクラウドさえ使っていればデジタルトランスフォーメーションであるかのような風潮がある。RPA、AI、NFT、ブロックチェーン、メタバース、XR、Web3・0など、この分野は流行り言葉が多い。流行り言葉だとしても、ソシオテクニカル的な視点を持って、どのような人間の欲求を満たしたいのかを考えながら社会実装を進めることが大切だろう。例えば、Web3・0の本質はIDとデータ、アルゴリズムの分権管理であり、多様性を確保してシステム全体をレジリエントにするための手段として位置づけることができる。

本書で繰り返してきたのは、複雑系という時代背景のなかで創発性を志向し、人々の多様なニーズに機動的に応えるためのデジタルトランスフォーメーションの考え方である。SaaSやクラウド、そのほかの流行り言葉はそのための手段であって、目的ではない。

物事を計画的に、効率的に進めるための技術システムの活用から、デジタル活用が生み出す情報やサービスの価値の最大化を図って社会全体に還元することがデジタルトランスフォーメーションの意義であり、本書でお伝えしたい本質でもある。

「誰一人取り残さ（れ）ない」というキャッチフレーズは、SDGsが掲げるNo one left behindの精神だが、これを義務だと思ってやっているうちは単にコストになる。多様なニーズや価値観への適応（レジリエント）が現代社会における価値につながると理解することで、デジタルトランスフォーメーションの新たな境地が見えてくる。〝人間らしさ〟を大切にしながら、デジタル活用の果実を社会発展につなげていきたい。

【著者紹介】

櫻井美穂子（さくらい・みほこ）

国際大学グローバル・コミュニケーション・センター（GLOCOM）准教授
慶應義塾大学特任助教、日本学術振興会特別研究員（DC2）、アグデル大学（ノルウェー）情報システム学科准教授を経て、2018年より現職。専門分野は経営情報システム。特に基礎自治体および地域コミュニティにおけるデジタル活用について、スマートシティやレジリエンスをキーワードとして、情報システムの観点から研究を行っている。主な著書に『世界のSDGs都市戦略』（学芸出版社、2021年）『自治体ICTネットワーキング』（共著、慶應義塾大学出版会、2012年）などがある。

國領二郎（こくりょう・じろう）

慶應義塾大学総合政策学部教授
1982年東京大学経済学部卒。日本電信電話公社入社。92年ハーバード・ビジネス・スクール経営学博士。93年慶應義塾大学大学院経営管理研究科助教授。2000年同教授。03年同大学環境情報学部教授などを経て、09年総合政策学部長。2005年から09年までSFC研究所長も務める。2013年より慶應義塾常任理事に就任（21年5月27日任期満了）。主な著書に『オープン・ネットワーク経営』（日本経済新聞社、1995年）『オープン・アーキテクチャ戦略』（ダイヤモンド社、1999年）『オープン・ソリューション社会の構想』（日本経済新聞出版社、2004年）『ソーシャルな資本主義』（日本経済新聞出版社、2013年）『サイバー文明論』（日本経済新聞出版、2022年）などがある。

ソシオテクニカル経営

人に優しいDXを目指して

2022年9月16日　1版1刷

著　者　櫻井美穂子・國領二郎

© Mihoko Sakurai, Jiro Kokuryo, 2022

発行者　國分正哉

発　行　株式会社日経BP

日本経済新聞出版

発　売　株式会社日経BPマーケティング

〒105-8308　東京都港区虎ノ門4-3-12

装　幀　竹内　雄二

DTP　有限会社マーリンクレイン

印刷・製本　シナノ印刷株式会社

ISBN978-4-296-11519-8